W0387957

VILLAGE DÉPART

10 ans de fête et d'émotions

Laurent Luyat

© Ramsay, 2015
11, rue Pierre Rigaud
94200 Ivry-sur-Seine
ISBN : 978-2-8122-0045-8

VILLAGE DÉPART

10 ans de fête et d'émotions

Laurent Luyat

Ramsay

PRÉFACE

« C'est la fête
C'est comme un grand coup de soleil
Un vent de folie »

Ce tube que Michel Fugain a interprété le 27 juillet dernier à Évry résume en quelques mots l'esprit qui nous anime au moment de souffler les 10 bougies de Village Départ.

Dix ans de fête, de rencontres et de joie, cela méritait de partager ce grand moment avec vous. Aucune autre émission de télévision ne permet une telle proximité avec le public de toutes régions pendant 3 semaines sous le soleil et dans le cadre de cette merveilleuse épopée sportive qu'est le Tour de France. Être en direct tous les jours devant une foule heureuse reste le plus beau des privilèges.

Je me rappelle une prise d'antenne le 3 juillet 2012 à Orchies dans le nord, où la ferveur était telle que je n'ai pu m'empêcher de verser une larme, muet d'émotion pendant quelques secondes. Cette même émotion qui souvent m'envahit sans prévenir devant la communion festive entre le public de Village Départ et nos invités. Tous mes rêves d'enfant remontent alors à la surface.

Quand j'avais à peine dix ans, je m'enfermais tous les jours dans ma chambre et je m'imaginais présentant une émission de variétés à la télévision avec des caméras devant moi. À l'aide d'un petit magnétophone, je passais les chansons que j'avais enregistrées, puis, très naturellement, j'interviewais les vedettes en faisant les questions et les réponses.

Il y a 10 ans, mon rêve va devenir réalité. En 2005, Daniel Bilalian, alors nouveau directeur des sports de France Télévisions, me propose de reprendre l'émission du Tour de France programmée quotidiennement avant le départ des coureurs.

À l'époque, l'horaire à dix heures du matin n'est pas très fédérateur et il faut trouver nos marques. Mais Daniel Bilalian et ses adjoints, François Brabant et Fabrice Colin, me laissent carte blanche pour faire évoluer le concept en privilégiant l'aspect festif du Tour de France. Un challenge audacieux, en chantant, en dégustant et en s'amusant. Merci encore à eux pour leur confiance.

Village Départ est aujourd'hui un grand succès d'audience, mais la route fut parfois aventureuse. Les premières émissions étaient réalisées avec les moyens du bord dans des conditions difficiles. Il a fallu nous imposer, rencontrer notre public, trouver le lien affectif avec les villes et résoudre de multiples problèmes techniques : *« On ne s'est jamais arrêtés sur une catastrophe,* confie notre réalisateur Fred Godard. *Au contraire, cela nous a permis de nous construire petit à petit. Chaque fois, on est repartis avec la même envie. Maintenant, on est solides. »*

Convaincre les artistes de revenir chanter sur la Grande Boucle n'a pas toujours été simple. Les premiers qui ont accepté se demandaient où ils mettaient les pieds. Pari gagné. Après l'émission, tous sont repartis avec un large sourire et l'envie de revenir fêter le Tour avec nous et ce merveilleux public. Aujourd'hui, beaucoup nous sollicitent, happés par cet engouement populaire où chacun donne et reçoit en retour. Car le Tour de France reste un spectacle gratuit qui va bien au-delà du sport. Un roman national qui s'écrit chaque année et nous replonge dans l'enfance.

Village Départ est devenu un rendez-vous phare. Chaque été, l'émission réalise la meilleure audience de l'année à 13 heures sur France 3. Autant dire que c'est une performance dont toute l'équipe qui m'accompagne pendant ces trois semaines est très fière.

Mais la partie n'est jamais gagnée d'avance. En 2011, l'émission a failli être repositionnée à 10 heures du matin. Il a fallu toute la force de conviction de Daniel Bilalian pour maintenir notre créneau. Bien lui en prit, puisque, cette année-là, nous avons battu des records d'audience.

Le secret de notre réussite : une remise en question permanente à l'écoute du public et des téléspectateurs. Que faut-il changer ? Qui inviter ? Quelle rubrique a fait son temps ? Des questions récurrentes et légitimes.

Chaque été, au lendemain de la dernière de Village Départ, une mélancolie s'empare de nous. C'est comme un retour de colonie de vacances avec cette sensation étrange de ne plus être dans l'instant. « Ce n'est qu'un au revoir, mon frère. Nous nous reverrons... l'année prochaine. »

Pourquoi le Tour de France exerce-t-il cette fascination que nous ressentons à chacune de nos émissions ? Christian Prudhomme, le directeur de l'épreuve a sa petite idée : *« Le Tour, c'est 3 500 kilomètres de sourires. À la télévision, durant l'étape, on ne s'en rend pas forcément compte. Mais la joie de vivre est présente partout, tout le temps, et Village Départ contribue à cette animation essentielle. Le public est attiré par les caméras et les vedettes qui sont derrière. Au début, les villes se demandent toujours comment vous allez les mettre en valeur. Puis elles se rendent compte que le plus important c'est la fête. »*

Que de souvenirs nous avons accumulés en dix ans et près de 200 émissions. Ces souvenirs, j'ai voulu les partager avec vous, en vous racontant toutes nos aventures, nos pépins et nos émotions. Les coulisses, les secrets, les fous rires, les imprévus, les échecs comme les succès et tous ces moments que vous avez revus dans les bêtisiers et autres zappings. Sans oublier les célébrités du spectacle qui ont écrit la légende du Tour de France. Dans chaque histoire, j'ai tenu à m'approcher au plus de la réalité, souvent falsifiée par le temps et romancée par certains.

Ce livre est l'occasion de fêter ensemble cet anniversaire et de vous remercier, car grâce à vous, Village Départ s'écrit désormais avec deux chiffres. 10 comme le symbole de l'action et du changement. 10 comme les doigts de la main qui nous unissent.

Alors, installez-vous confortablement dans votre fauteuil, les projecteurs de Village Départ vont s'allumer et la fête va commencer.

10 ans d'émotions

« Tout divertissement est une éducation plus efficace que l'école parce qu'il fait appel à l'émotion et non à l'intelligence. »

Ortense Powdermaker,
anthropologue américaine.

Daniel Bilalian heureux dans l'ambiance de Village Départ.

Village Départ, le titre de cette émission à lui seul sonne bon le Tour de France, j'allais écrire sent bon la France.

L'heure du générique correspond au moment du déjeuner ou de l'apéritif, c'est l'été, il fait beau, il fait chaud, c'est le mois des vacances. L'émission peut commencer. Autour du plateau, une bonne odeur de cuisine flotte dans l'air, elle accompagne les chansons d'hier et d'aujourd'hui. C'est un phénomène rare en télévision, car tout le monde est content d'être là : la foule autour, les invités et les millions de téléspectateurs devant leur poste.

Village Départ, c'est un moment de bonheur simple et chaleureux. Hugues Aufray peut y côtoyer un jeune rappeur, Arielle Dombasle ou Dany Boon. On chante, on évoque la région traversée, la ville-étape, en se léchant les babines devant une bouillabaisse ou un magnifique baba au rhum.

Village Départ, c'est une émission qui donne faim, sans qu'à aucun moment le repas ne soit trop lourd.

Village Départ, c'est un spectacle qui vous donne envie de découvrir ou de redécouvrir notre pays, et c'est peut être, c'est sûrement, sa principale raison d'exister et de durer.

Daniel Bilalian

VILLAGE DÉPART : CLAP PREMIÈRE

CHALLANS (VENDÉE) - 3 JUILLET 2005

Revoir la toute première émission d'une longue série est toujours un moment émouvant. Sous le soleil de Vendée, il est exactement 10h42 ce dimanche 3 juillet 2005 quand je prends l'antenne en direct : *« Bonjour à tous, Bienvenue pour cette première de Village Départ, c'est le coup d'envoi de la journée sur France Télévisions. Cette émission va faire la part belle aux régions que nous allons traverser. Et je vous demande d'accueillir nos deux marraines : Elodie Gossuin, Miss France 2001 et Sheryl Crow. »*

La chanteuse américaine, star internationale, est à l'époque la compagne de Lance Armstrong, en passe de remporter son septième et dernier Tour de France. La plupart de mes questions portent évidemment sur leur idylle :

« – Il paraît que vous passez vos journées à photographier Lance, c'est vrai ?

– Tout à fait. Il envoie ensuite les clichés sur Internet à ses enfants qui sont restés à la maison. (Lance avait trois enfants à cette époque [ndla]) *Il leur montre que papa est au travail et qu'il ne peut pas être avec eux. »*

Cette année-là, Sheryl Crow a décidé de l'accompagner sur la quasi-totalité des étapes.

« – N'est-ce pas un peu monotone de suivre un coureur tous les jours sur le Tour de France ?

– Pas du tout. On s'amuse beaucoup, vous savez. Je vais en profiter pour perdre du poids parce que je bouge sans arrêt avec lui. Quand ce sera fini, je suis sure que les courses vont me manquer. »

C'est alors que je lui pose une question extrêmement ambiguë. Cela m'arrive parfois, dans le flot du direct, sans vraiment m'en rendre compte.

« – Vous le réconfortez le soir ? »

Long silence de Sheryl Crow et sourire de circonstance.

« – Hum, qu'est-ce que vous voulez dire par là ?

– Je vous trouve bien indiscret aujourd'hui, Laurent », s'exclame Élodie Gossuin.

J'enchaîne rapidement sur autre chose.

« – Euh... Lance a déjà gagné hier la première étape haut la main, il est déjà en pleine forme, n'est-ce pas Sheryl ?

– Avant un départ, je ne l'avais jamais vu aussi détendu et de bonne humeur. Il écoutait Led Zeppelin à fond. »

Ouf, le moment gênant est passé.

« – Comment vous êtes-vous rencontrés ?

– C'était lors d'une collecte de fonds pour la fondation d'André

Agassi. Pendant un mois, on est restés en contact puis on est sortis ensemble. Et je peux vous faire une confidence : c'est moi qui lui coupe les cheveux. »

Une jolie romance qui ne va pas faire long feu. Le couple se sépare six mois seulement après cette émission. Les deux tourtereaux auront vécu trois ans ensemble dans une certaine transparence concernant le dopage.

Sheryl Crow était en effet aux premières loges du système Armstrong : *« Je me souviens que lors d'un transfert avec le bus de l'US Postal, le chauffeur a fait semblant d'avoir un problème de moteur. Et pendant la fausse réparation, des personnes sont venues livrer du sang et effectuer en catimini des transfusions à même le sol »*, expliquera-t-elle plus tard dans la presse américaine.

À cette époque, le champion texan avait totalement confiance en elle. Il savait qu'elle ne parlerait pas de ces pratiques illégales aux journalistes. Il lui expliquait que cela faisait simplement partie de ce sport et que tous les coureurs faisaient la même chose.

En 2004, elle assiste, cette fois sous ses yeux, à une transfusion sanguine de Lance Armstrong dans son avion privé qui les menait en Belgique. C'est ce que révèle le très sérieux livre des journalistes du « Wall Street Journal » Reed Albergotti et Vanessa O'Connell. Ce témoignage accablant de la « country girl » lui a valu en échange l'assurance d'être exempte de toutes poursuites judiciaires. Et d'enfoncer un peu plus son ex-compagnon.

Sheryl Crow, aujourd'hui âgée de 53 ans, avoue être heureuse de ne plus vivre avec l'homme qui a été emporté dans la tourmente du dopage et qui devrait rester suspendu à vie de toute compétition. Depuis leur séparation, elle a adopté deux garçons et vient d'entamer une nouvelle tournée mondiale. Le cyclisme n'est plus qu'un lointain souvenir.

SUR LA ROUTE DU SUCCÈS

Cette première émission du 3 juillet 2005 remonte à la préhistoire de Village Départ. Tout a tellement changé au fil des années : l'horaire, le lieu, le décor, les chroniqueurs.

À l'époque, nous étions diffusés le matin à une heure où peu de gens sont devant leur télé. Le plateau se situait à l'intérieur du village du Tour et seuls les privilégiés qui avaient un pass pour y accéder pouvaient assister à l'émission. Très rapidement, nous nous sommes rendu compte que ce n'était pas notre public. Dès que le buffet ouvrait, ils partaient manger et nous nous retrouvions avec quasiment personne autour du plateau. Une catastrophe.

Dès l'année suivante, nous avons donc quitté cet enclos en restant malgré tout très proches de la ligne de départ, mais en nous installant dans un endroit gratuit et accessible à tous. Cette étape dans l'évolution de Village Départ est capitale. Sans un public nombreux, l'émission n'a pas le même impact. On s'en rend compte à chaque fois que nous tournons à l'étranger où les gens ne nous connaissent pas (mis à part en Belgique) et ne comprennent rien à ce qu'on leur raconte. Heureusement qu'il y a toujours quelques Français en vacances ou des expatriés un peu curieux pour nous soutenir. En France, l'accueil que nous recevons est de plus en plus chaleureux. Que ce soit à Cambrai, Orchies, Brioude, Annecy, Fougères, Saint-Étienne, Montpellier et j'en passe. Je vous avoue que j'en ai parfois des frissons au moment de prendre l'antenne. Cette décharge émotionnelle, rare à la télévision, est un moment magique. Du bonheur tout simplement, sans prétention, entre le public et nous. À chaque émission, je mesure la chance que j'aie de vivre une telle expérience.

Très vite, j'ai souhaité intégrer des variétés, un concours de cuisine et des anecdotes sur les chanteurs et les régions. Aujourd'hui,

Village Départ est une émission de divertissement à part entière, un rendez-vous important pour les villes et pour les organisateurs du Tour. Les audiences montent chaque année. 200 000 téléspectateurs en 2005, jusqu'à 2 millions désormais. Au grand dam d'une minorité de journalistes bobos parisiens qui exècrent cette France profonde que nous mettons en avant. Pour eux, tout ce qui est populaire est « beauf ». Je me souviens d'un article en 2013 sur le site du Nouvel Obs qui énumère la liste des invités que son auteur estime ringards comme Jean-Luc Lahaye, François Valéry ou Patrick Sébastien.

Bien sûr, à aucun moment, il ne cite les noms qui dans sa galaxie ont certainement une image plus « branchée » : Eric Serra, Yann Queffélec, Nolwenn Leroy, Christophe Maé, Elodie Frégé, les Soul Men Blues, I Muvrini ou Tri Yann. Tous pourtant figuraient au générique cette année-là.

Personnellement, ce genre de critiques totalement subjectives me laisse indifférent. Comme je le dis toujours : « *Dans ce métier, ceux qui peuvent font, ceux qui ne peuvent pas dénigrent.* » Patrick Sébastien répète sans cesse : « *Je fais de la télé pour ceux qui la regardent.* » Il a bien raison, c'est la recette du succès. Village Départ ne s'adresse pas à ces pseudo-intellos, souvent néo-parisiens, qui ont une très haute opinion d'eux même et jugent avec condescendance leurs concitoyens de province. Ils ne comprennent pas comment des jeunes peuvent connaître par cœur les chansons de Gérard Lenorman ou de Jean-Pierre Mader et pourquoi des personnes âgées s'éclatent sur le tube de Sébastien Patoche. L'envie de s'amuser en plein mois de juillet, de se détendre, de fêter le Tour de France les dépasse. Ils préfèrent passer leur temps à flatter les ego de leur microcosme de lecteurs acquis à leur cause. J'ai du reste remarqué à plusieurs reprises que certains journalistes qui suivent le Tour de France et qui ironisent allègrement sur nos invités sont les premiers à les interviewer, le plus souvent dans notre dos, pour leur blog ou leur chronique. Une schizophrénie assez amusante, il faut bien le reconnaître.

PREMIERS PAS

CONTES DE FÉES

Beaucoup de jeunes artistes ont fait leurs premiers pas devant les caméras de Fred Godard avant de s'envoler vers les sommets.

Je pense à Irma, venue interpréter en direct intégral à Gap sa chanson « I know ». Quand elle se présente sur scène, pratiquement personne ne la connaît. Six mois plus tard, le monde entier fredonne ces quelques notes :

« And I know Ohoh Ohoh Ohoh Ohoh Ohoh
That is not a dream
But I saw ohoh ohoh ohoh ohoh
Yes I saw your scheme »

L'explication de cette ascension vertigineuse relève véritablement du miracle. Irma a en effet été choisie par le géant Google pour promouvoir son navigateur Chrome. La pub raconte sur l'air d'« I know » la belle histoire de cette jeune camerounaise qui débarque en France à l'âge de 15 ans et poste sur YouTube des vidéos destinées à ses parents et à ses amis. On la voit chanter des reprises de Jacques Brel, Michael Jackson et de Norah Jones, puis des compositions originales. À sa grande surprise, la toile s'en empare, au-delà même de ses espérances. Les internautes enthousiasmés lui réclament d'autres titres qu'ils font partager à leur tour au plus grand nombre.

Devant cet engouement, Michael Goldman, le fils de Jean-Jacques, contacte Irma pour lui proposer de participer à l'aventure « My Major Compagny », le label communautaire musical. En deux jours, la chanteuse récolte 70000 euros pour la production de son premier album. Sans artifice, avec une simple guitare acoustique, le conte de fées prend forme, grâce à Internet. En janvier 2012, lors de la soirée des « NRJ Music Awards » qui réunit des millions de téléspectateurs, TF1 diffuse pour la première fois la fameuse publicité de Google. Quelques jours plus tard, « *I know* », cette chanson qu'elle a composée à l'âge de 12 ans dans sa chambre au Cameroun se retrouve en tête des ventes sur iTunes, et disque de platine à l'arrivée.

Aujourd'hui, la puissance de YouTube est phénoménale. Cent heures de vidéos sont mises en ligne chaque heure dans le monde. 30 millions de Français s'y rendent chaque mois, les jeunes en particulier.

À titre d'exemple lorsqu'Eric Scherer, spécialiste des futurs médias à France Télévisions, rencontre des étudiants de l'Epita, une école d'ingénieurs en informatique, il leur demande qui a regardé la télé la veille ? Trois mains se lèvent. Puis qui est allé sur YouTube ou Dailymotion ? Tous lèvent le bras en chœur. Avec un peu de chance et une bonne maîtrise des réseaux sociaux, un jeune talent comme Irma peut donc bénéficier d'un tremplin pour se faire connaître beaucoup plus rapidement qu'en utilisant un média traditionnel.

Cela dit, au fil des années, les maisons de disque ont compris que Village Départ représentait également une belle exposition pour leurs artistes toujours soucieux de leur image. Chez nous, ils sont à l'aise, ils communient avec ceux qui sont venus les applaudir, qui les aiment et qui achètent leurs disques. Dans quelle autre émission peut-on les voir aussi proches de leur public ? Aucune.

Beaucoup de jeunes chanteurs ont mesuré l'impact de leurs premiers succès : Grégoire avec « Toi+moi » au Cap d'Agde, Mickaël Miro avec « L'horloge tourne » à Modane, Keen'v avec « J'aimerais trop » à Saint-Paul-Trois-Châteaux, Shy'm avec « Je sais » à Bordeaux, Tal à qui j'ai remis un disque de platine à Mâcon pour « Le sens de la vie » et bien d'autres encore.

Tous les ans, Tal nous fait le plaisir de venir chanter ses tubes dans Village Départ. À chaque fois, sa notoriété franchit un palier, au point de ne plus se déplacer sans garde du corps. Mais ce succès grandissant ne lui a nullement tourné la tête. La chanteuse franco-israélienne vit son rêve en toute simplicité, généreuse avec son public, toujours souriante et disponible. Un rêve qui a débuté dans le ventre de sa mère, interprète de world music : « *Elle était enceinte de moi, mais se produisait encore en spectacle. Avant même de venir au monde, j'ai reçu cet amour de la scène. Toute petite, je la regardais avec de grands yeux émerveillés. Je voulais tellement être à sa place, m'emparer de son micro et prendre possession de son public. Quand je l'ai invitée à monter sur scène lors de mon dernier Palais des sports, c'était très impressionnant. On a pleuré toutes les deux.* »

On retrouve les mêmes qualités humaines et artistiques chez Indila. L'an dernier, cette jeune fille mystérieuse a réalisé une percée fulgurante avec plus de 500 000 albums vendus. Le clip de sa chanson « Dernière danse » approche aujourd'hui les 200 millions de vues sur YouTube. Certes, on est encore loin des deux milliards de Psy avec son « Gangnam style », mais pour une artiste francophone, ce chiffre est phénoménal.

Invitée à Tomblaine, à côté de Nancy, Indila a posé comme condition le direct complet. Pas question pour elle de chanter sur une bande orchestre. Le matin, n'ayant pas d'endroit pour s'isoler, elle s'est chauffée la voix dans un camion que notre équipe lui a mis à disposition. C'est bien la première fois que je voyais quelqu'un faire des vocalises à l'avant d'un véhicule siglé France 2-France 3. Il n'empêche, son interprétation de « Dernière danse », accompagnée d'une simple guitare, était magnifique.

Sa présence dans l'émission m'a réjoui, car la chanteuse accorde peu d'interviews, préservant le secret de son intimité, de son âge et de ses racines. Portée par l'ambiance chaleureuse autour du plateau, elle s'est laissée aller cette fois à quelques confidences.

Assaillie par les fans après le direct, Indila a dû stopper net la séance de photos et d'autographes pour aller prendre son train. Un déchirement, car elle voulait absolument répondre à toutes les demandes. Ce sera partie remise en 2015.

CHRISTOPHE MAÉ ET LES COMÉDIES MUSICALES

Dans cette jeune génération talentueuse, certains ont éclos grâce aux comédies musicales que nous avons souvent présentées avant même les premières représentations à Paris. La troupe « Mozart, l'opéra rock » a rodé à Marseille ses futurs tubes « Tatoue-moi » et « L'assasymphonie », avec notamment Florent Mothe et Mikelangelo Loconte.

Le spectacle se jouera en France durant deux ans de septembre 2009 à juillet 2011 et sera enregistré et diffusé en 3D en Asie, en Australie et aux États-Unis. Dove Attia, son producteur, est le maître d'œuvre de cette réussite mondiale. Avec Albert Cohen, on doit à ce précurseur sept des plus grands triomphes de comédies musicales dont « Les dix commandements », « Autant en emporte le vent » ou « Le Roi Soleil ». Dove est aussi un dénicheur de talent. Dans Village Départ, il nous raconte comment il a repéré un certain Christophe Maé : « *Je buvais un verre au piano-bar "La caravelle" à Bonifacio en Corse. Christophe chantait et captivait l'attention de façon étonnante. Je suis allé le voir pour lui proposer de faire ma prochaine comédie musicale. Il me dit : "Mais tu es fou ? C'est pas pour moi." Finalement, nous avons travaillé trois années ensemble dans "Le Roi Soleil". Lorsqu'il a vu le costume et la perruque qu'il allait devoir porter, il n'a pas dormi pendant quatre jours. Il pensait qu'il allait être ridicule. Il a été sublime.* »

Une version contredite par Olivier Schultheis, le producteur de Maé. C'est lui, dit-il, qui a présenté son poulain à Dove Attia et a réussi à lui trouver une maison de disques (Warner), alors que toutes les portes restaient fermées. Une petite guéguerre de paternité qui n'empêche pas les deux hommes d'être toujours amis.

Christophe Maé est une incroyable bête de scène. Dans « Le Roi soleil », il ne jouait pas le rôle principal de Louis XIV (incarné par Emmanuel Moire), mais celui de Monsieur, le frère gay et excentrique du monarque. Un rôle particulièrement difficile à tenir. Il lui a fallu un an et demi de cours de théâtre, de chant et de danse pour se perfectionner. Au final, Christophe remporte tous les suffrages sur la scène du Palais des sports.

C'est aussi un homme de parole. Un an avant, il avait promis d'être avec nous en Corse pour le grand départ du centième Tour de France. Fidèle au rendez-vous et malgré une blessure au pied, Christophe a illuminé cette première à Porto-Vecchio. Sur scène, en direct intégral, il interprète à la guitare « On s'attache », son tube de 2007 et « Tombé sous le charme » son dernier titre. Si chanter à la télévision ne le dérange pas, en revanche Christophe n'aime pas trop s'exprimer en plateau dans des talk-shows. Il ne se sent pas à l'aise dans l'exercice et préfère généralement s'abstenir. Autant vous dire que j'étais ravi de le voir aussi décontracté dans Village Départ, répondant à toutes nos questions sans détour. Il s'est même permis de parler de sa « chérie » qu'il a rencontrée justement en Corse et de leur deuxième enfant qui n'allait pas tarder à naître. Ce jour-là, le bonheur de revenir dans l'île de beauté l'a totalement désinhibé : « *Je suis arrivé ici il y a quinze ans. J'ai commencé à jouer à Calvi, à Ajaccio, à Bonifacio devant quelques dizaines de personnes. C'est un endroit qui m'a porté chance. Je m'y sens bien. Quand ça a marché, ma maison de disque m'a dit : "On va faire la captation vidéo de ton concert. Tu souhaites qu'on l'enregistre où ? Au Zénith de Paris, à Forest National à Bruxelles ?" Je leur ai répondu : Non, je veux le faire sur une petite plage en Corse, sur la baie de Santa Giulia parce que c'était pour moi un retour aux sources. On a tourné le concert durant une heure et demie avec 80 personnes seulement, dans un décor de rêve et une ambiance intimiste, mais vraiment magique.* »

Au passage, Christophe Maé nous confirme sa rencontre décisive avec Dove Attia, preuve que le producteur n'a pas maquillé la vérité un beau soir dans un bar.

À Rouen le 5 juillet 2012, le même Dove Attia nous présente sa nouvelle comédie musicale « 1789, les amants de la Bastille » qui se joue en octobre au Palais des sports à Paris. Un nouveau triomphe qui sera cependant entaché par l'explosion d'engins pyrotechniques en coulisses, faisant une quinzaine de blessés dont cinq graves. Je l'interroge ensuite sur un malentendu concernant « Amel Bent ». L'anecdote souvent reprise dans les journaux l'amuse beaucoup : « *Lors de l'émission de M6 "La nouvelle star", il y avait un chanteur que j'aimais bien et que Marianne James me refusait à chaque fois au profit d'Amel Bent. J'étais très en colère et quand elle s'exclama à propos d'Amel "Quelle chanteuse !", je lui ai répondu : "Oui une chanteuse de karaoké". Mais c'était uniquement pour taquiner mon amie Marianne.* »

Le prochain grand rendez-vous du producteur est fixé à septembre 2015. Son nouveau spectacle « La légende du Roi Arthur » devrait logiquement suivre le chemin de ses prédécesseurs. Deux heures de show pour revivre le destin du Roi de Bretagne et de son fidèle Lancelot. Chevaliers de la Table ronde, Excalibur et Merlin l'enchanteur compléteront le tableau.

TÉLÉ-RÉALITÉ : RETOUR SUR TERRE

Quant aux jeunes talents de la télé-réalité, autant vous dire qu'ils sont pratiquement tous venus dans Village Départ. Mais quand on fait le bilan, en dix ans, on s'aperçoit que les lendemains sont bien difficiles pour la plupart de ces jeunes chanteurs. À quelques exceptions près comme Nolwenn Leroy, Jenifer, Christophe Willem, Amel Bent ou Julien Doré, tous ont été adulés, broyés puis oubliés.

Chaque nouveau lauréat connaît un succès fulgurant auprès du public qui n'a d'yeux que pour lui. Un an plus tard, le charme est déjà un peu retombé. Deux ans plus tard, on en parle à peine. La descente est aussi brutale que l'ascension.

Souvenez-vous de ceux qui sont passés dans notre émission : Gaël Garcia (StarAc 6), Sheryfa Luna (Popstars 2007), Patxi (StarAc 2003), Matthew (X factor 2011) et tant d'autres. Rien ne dit qu'ils ne connaîtront plus le succès, mais dans ce règne de l'éphémère, tout est plus compliqué.

Les têtes d'affiche de la télé-réalité sont des générations spontanées. Les médias et le public s'intéressent à eux dans l'instant, puis un nouveau talent, une nouvelle personnalité dans un autre concours prennent la relève. Yoann Fréget, vainqueur de « The

Voice 2 » en 2013, galère comme un fou pour imposer son album. Il me confie d'ailleurs son désarroi dans Village Départ : « *Les radios refusent de passer mes titres, soi-disant parce que mon album n'est pas dans le format. C'est très difficile à vivre.* »

Kendji Girac, le dernier vainqueur de « The Voice » semble cependant bien armé pour faire une longue carrière, avec à son actif 700 000 exemplaires vendus de son premier album et une tournée de 70 dates qui affiche complet. Mais le plus dur est devant lui : passer de révélation à consécration. L'an dernier, Kendji est venu nous voir à Bergerac où il a grandi en écoutant du flamenco et les chansons de Luis Mariano, Charles Aznavour et Julio Iglesias. Le jeune garçon de 18 ans était accompagné par toute sa famille de musiciens, les parents, les oncles, les frères. Un entourage qui lui permet de garder les pieds sur terre : « Si je dois changer un jour et prendre la grosse tête, je sais qu'ils me recadreront vite fait », dit-il.

Cela dit, dans cette abondance de télé-crochets, gagner n'est plus un événement. Ceux qui s'en sortent se retrouvent au milieu d'un immense marigot, essayant de conserver un brin de lumière pour ne pas couler. Si la maison de disque ou la chaîne de télé qui les a propulsés à l'antenne ne les aide pas, leur sort est voué à l'échec.

Mais ce phénomène de consommation immédiate existait déjà dans les années 70. La télé-réalité ne l'a pas inventé. À l'époque, les maisons de disque sortaient régulièrement de leur chapeau des jeunes talents qui n'avaient pas eu le temps de mûrir. Généralement, ils enchaînaient deux ou trois succès avant d'être remerciés dans l'indifférence générale alors qu'un autre prenait le relais dans le cœur du public.

Parfois, les drames de la vie privée viennent s'ajouter au désarroi professionnel. Jonatan Cerrada (vainqueur de la première « Nouvelle Star » en 2003) a décidé d'arrêter la musique, dévasté par la mort brutale de son grand frère dont il ne parvient pas à se remettre.

Certaines chanteuses tentent d'exister dans la presse people en montrant leur grossesse ou en révélant leur nouveau petit ami. Quand la vie privée prend le pas sur la production artistique, vous pouvez être sûr que leur carrière bat de l'aile.

Qui se souvient de Cindy Sander et de son « Papillon de lumière » qu'elle a chanté sur une plage de Saint-Malo ? La pauvre en répétition a dû faire face à une vague géante qui l'a littéralement trempée. En direct, vous imaginez la catastrophe ! À ce moment-là, Cindy Sander est encore marquée par ses déboires à la « Nouvelle star » et le buzz considérable autour de sa personne. Le jury constitué de Lio, André Manoukian et Philippe Manoeuvre, ne l'a pas épargné tout au long des épreuves. Les humiliations qu'elle a subies se sont répandues comme une traînée de poudre sur le net dont elle devient la risée.

Quand elle nous rejoint sur le plateau, la cicatrice n'est pas encore refermée. Je la vois, écorchée vive, tentant de rebondir et de montrer aux jurés leur erreur. Hélas, aussi éphémère que son papillon, elle disparaît aussitôt de la scène publique. Aujourd'hui métamorphosée, chevelure rousse, 40 kilos en moins, Cindy Sander est une star en Allemagne. Le styliste et metteur en scène Thierry Mugler en a fait l'héroïne de son show « The wyld » qui triomphe tous les soirs à Berlin devant 2 000 spectateurs. Une impressionnante revanche sur les affres de la télé-réalité.

Comme Cindy, certains choisissent une autre voie qui correspond mieux à leur profil. C'est le cas de Quentin Mosimann, gagnant de la « Star Academy 7 ». Il figure aujourd'hui parmi les 100 meilleurs DJ du monde, soit le quatrième français derrière David Guetta, Madeon et Daft Punk, mais devant Bob Sinclar et Martin Solveig. Une belle consécration. Quentin est venu plusieurs fois dans Village Départ, toujours suivi par celles qu'il appelle ses « potefans », des adolescentes qui n'hésitent pas à faire des centaines de kilomètres pour assister à l'émission. Sur place dès huit heures du matin, elles font le pied de grue autour du plateau en attendant impatiemment leur idole. À Montélimar, Quentin reprend « Toute la musique que j'aime », le tube de Johnny, en faisant chanter nos cameramen et notre maquilleuse. Puis il monte sur la table pour un final explosif. Ce garçon est un vrai showman muni d'une belle expérience de la scène. À douze ans, il faisait déjà la première partie des L5, avant de remporter plusieurs concours de chant à l'instar de Grégory Lemarchal. À sa sortie de la StarAc, il reçoit un coup de téléphone inattendu qui va lui offrir l'un des plus beaux moments de sa jeune carrière : « *C'était un matin, je m'en souviendrai toujours. Au bout du fil, une voix me dit : "Bonjour, c'est Paul Anka. Es-tu d'accord pour venir chanter en duo avec moi au Palais des Congrès ?" J'ai vraiment cru que c'était une blague, que j'étais en direct sur une radio. Mais c'était vrai. Quand je me suis retrouvé sur scène avec lui, je n'en revenais pas.* »

Un an après son triomphe sur TF1, Quentin Mosimann parvient à vendre plus de 100 000 exemplaires de son premier album « Duel ». Le second restera plus confidentiel. Qu'importe ! Le DJ tourne partout dans le monde et n'hésite pas dévoiler son salaire dans la presse, plus de 7 000 euros pour mixer pendant deux heures. Il n'a même plus le temps de se consacrer à son rôle de juré dans « The Voice Belgique ».

Cela dit, au-delà des critiques, ces émissions grand public diffusées en première partie de soirée restent la dernière lucarne pour de nouveaux talents. Sachant que les variétés à la télévision et les radios musicales ne programment plus depuis longtemps de jeunes artistes inconnus, reconnaissons au moins ce mérite à la télé-réalité.

Et puis il y a ceux, très rares, qui sont devenus des vedettes à part entière. Christophe Willem par exemple, après son triomphe à la « *Nouvelle star* » en 2006. Sa chanson « *Double je* » sera numéro 1 des ventes en 2007 et son second album, disque de platine. Le personnage est maintenant bien installé dans le paysage musical français.

Ses retrouvailles avec l'adorable Marianne James dans un Village Départ à Saint-Paul-Trois-Châteaux resteront gravées dans ma mémoire. Un grand moment d'émotion lorsqu'ensemble, sans même que je leur demande, ils improvisent à cappella « Summertime » de George Gershwin. L'envie de rechanter ensemble était tellement forte qu'ils n'ont pas résisté à la tentation.

C'est Marianne, à l'époque jurée de la « Nouvelle star » qui a surnommé Christophe « La tortue » :

« – *Sa tête est arrivée avant son corps quand il s'est mis à chanter dans un pull à rayures vertes (rire). Mais j'aurais peut-être mieux fait de m'abstenir non ? Tu le vis bien ?*

– *C'est super mignon. Les gens m'appellent encore comme cela, mais c'est toujours très tendre.* »

Au départ, Christophe souhaitait être prof de fac. Il doit une fière chandelle à sa sœur Sandrine qui est à l'origine de sa carrière : « *J'étais en fac de communication à Paris en train de préparer mes partiels. J'avais tenté de m'inscrire au casting de "Nouvelle star", mais il n'y avait plus de place dans les sélections parisiennes. Ma sœur qui était enceinte de plusieurs mois m'appelle et me dit : "Viens me rejoindre à Toulouse, mon mari n'est pas là ce week-end."*

En fait, son mari est venu me chercher à l'aéroport et tous les deux m'ont fait la surprise de m'emmener le lendemain au casting toulousain. Pour l'anecdote, je les ai contraints à passer les auditions avec moi, sinon j'aurais refusé d'y aller. »

Christophe est un garçon très attachant. Une vraie pipelette aussi, je m'en suis rendu compte la veille lors d'un fameux dîner avec toute l'équipe. Son aversion du play-back l'a contraint à chanter en direct son nouveau titre, malgré une pharyngite. Il a même passé trois quarts d'heure à signer des autographes et à faire des photos avec le public drômois. Il vient d'enchaîner une tournée dans des lieux insolites comme le Pic du midi, la cave d'un château, les églises ou les musées : « Je voulais des lieux improbables et intimistes dont certains ne pouvaient accueillir plus de 50 personnes. » Deux heures de concert en apesanteur qui ont surpris et ravi les quelques privilégiés de ce moment hors du temps.

CONFIDENCES

SOUVENIRS D'ENFANCE

Certains artistes se livrent parfois à des témoignages émouvants sur leur vie personnelle. Des souvenirs d'enfance, qui m'ont marqué au fil des émissions.

À Grenoble, Isabelle Aubret nous fait part d'un secret de famille qu'elle n'avait jamais révélé avant la sortie récente de sa biographie. Née à Lille, la chanteuse est la cinquième d'une famille de dix enfants. Les conditions de vie de tout ce petit monde sont précaires, les fins de mois difficiles : « *On dormait à huit dans la même chambre, à quatre dans le même lit.* »

Puis une onzième naissance non prévue est arrivée. L'une de ses sœurs, âgée d'à peine quinze ans, tombe enceinte. C'est la stupéfaction dans la famille ; puis la joie et la compréhension :

« – *C'est un petit morceau de bonheur et d'amour ajouté qui entre dans la maison comme un cadeau. Il m'a fallu du temps pour révéler cette naissance.*

– *L'attitude de vos parents est exemplaire, à une époque où il n'était pas facile d'accepter ce genre de situation !*

– *C'est vrai. Mes parents l'ont acceptée, accueillie, entourée et aimée. C'était merveilleux aussi pour ma sœur.* »

Étonnante Isabelle Aubret. Bien loin de l'image sérieuse qu'elle dégage quand on ne la connaît pas. Le dîner que nous avons partagé avec elle la veille de l'émission est l'un des plus drôles que nous ayons connu.

Généralement, les artistes adorent parler de leur jeunesse, des moments plus ou moins heureux qu'ils ont vécu dans les différentes contrées que nous traversons.

À Nice où nous avons posé nos caméras pour une émission spéciale de deux heures, la locale Denise Fabre revient sur l'éducation sévère de sa mère. Pendant le défilé du carnaval, elle surveillait sa fille de près avec une petite ombrelle : « *Dès qu'un garçon s'approchait de moi, ma mère lui tapait dessus avec son ombrelle pour l'éloigner.* »

Ses parents étant séparés, Denise est envoyée dans une pension très stricte où il était interdit de parler à table. « Dans le dortoir, je me suis fait punir plusieurs fois parce que j'ouvrais des bonbons sous mes draps. Le papier faisait trop de bruit. » À 19 ans, elle part un an en Angleterre comme jeune fille au pair et rêve de devenir hôtesse de l'air. De retour à Nice, elle accepte de faire visiter la ville à un grand cinéaste américain : « *J'avais dit oui sans savoir qui c'était. Un beau matin, je vois débarquer Walt Disney et sa femme. Pendant trois semaines, je leur ai montré toutes les beautés de la Côte d'Azur. Ça s'est tellement bien passé qu'ils voulaient me ramener aux États-Unis pour garder les enfants. Évidemment, ma mère a refusé, car je n'étais pas encore majeure.* » (ndla : la majorité était de 21 ans à l'époque).

Quelques années plus tard, Denise Fabre deviendra l'une des speakerines les plus célèbres de France.

Lui non plus ne pensait pas faire la carrière que l'on connaît. François Valéry a bien failli en effet être footballeur professionnel. Les responsables du foot français, repérant ses qualités sur le terrain, voyaient en lui un sérieux espoir : « *Un jour, j'ai dit à Michel Platini en rigolant : si j'avais été footballeur, tu n'aurais certainement pas fait cette carrière.* »

Au même moment, à 14 ans, sa mère lui offre une guitare et très vite, la passion de la musique devient plus forte que celle du sport. François est un être adorable, chaleureux, généreux. C'est l'un des rares invités qui a exigé, malgré notre refus insistant, de payer le repas la veille à toute l'équipe. Quand il chante ses tubes dans l'émission, il ne peut pas rester en place sur scène. L'envie de se rapprocher du public, d'aller faire des bises et serrer des mains est trop forte. Sur « Aimons-nous vivants », il n'y a pas un recoin du plateau qu'il n'a pas arpenté dans un joyeux bain de foule.

Michael Jones, le célèbre guitariste de Jean-Jacques Goldman est le fruit d'une imprévisible union. Son père gallois, soldat dans l'armée alliée pendant la Seconde Guerre mondiale, débarque le 6 juin 1944 sur les plages de Normandie. Recueilli par une famille française, il tombe amoureux de la jeune fille de la maison et la ramène au Pays de Galles. Huit ans plus tard naîtra Michael.

Dans Village Départ, il nous raconte la frayeur qu'il a vécue quelques semaines plus tôt avec un ami sur une autoroute. Michael tombe en panne avec sa voiture qu'il parvient à garer sur une bande d'arrêt d'urgence : « *Quelques minutes plus tard, un poids lourd s'est fait doubler par un autre camion et a été obligé de se rabattre sur le côté pour ne pas l'accrocher. En se rabattant, il a arraché la moitié de mon véhicule. Je peux vous dire que cela fait une drôle d'impression. Mon sang n'a fait qu'un tour. J'ai d'ailleurs appris que la durée de vie sur une bande d'arrêt d'urgence en France est de 15 à 20 minutes.* »

Cette anecdote du chanteur gallois intervient justement au moment où le gouvernement rend obligatoires les gilets de sécurité fluorescents et les triangles de présignalisation. Une bonne initiative.

En évoquant Michael, il m'est impossible d'oublier cette danse langoureuse, improvisée sur notre plateau entre Roselyne Bachelot, alors ministre des Sports, et l'humoriste Gérald Dahan, pendant qu'il chante à la guitare le fameux « Je te donne » de Jean-Jacques Goldman. Comme d'habitude, rien n'arrête notre Roselyne nationale.

Malheureusement pour Michael Jones, le Tour n'est jamais parti du Pays de Galles. Vingt fois pourtant, le départ a été donné de l'étranger depuis la grande première à Amsterdam aux Pays-Bas en 1954. Au total, neuf pays ont vu s'élancer les coureurs, le dernier en date étant l'Angleterre le 5 juillet 2014. Le coup d'envoi le plus insolite remonte à 1987 à Berlin-Ouest, au moment où le bloc communiste commence à se fissurer. Le départ est donné un mercredi matin derrière le rideau de fer, cas unique dans l'histoire. On voit les coureurs poser devant le mur de la honte, d'autres, comme Laurent Fignon, témoigner leur désapprobation : « On a suffisamment de déplacements à faire toute l'année. Le Tour de France doit se dérouler en France, c'est tout. » Mais la Grande Boucle écrit sa propre histoire et ses organisateurs réalisent une opération promotionnelle et financière exceptionnelle. « Félix Lévitan et Jacques Goddet étaient les maîtres du cyclisme international, explique leur successeur Christian Prudhomme. La Fédération internationale n'existant pas, ils faisaient ce qu'ils voulaient. » Goddet a même pris des contacts avec les autorités de la R.D.A. pour faire un détour au-delà du mur, mais sans succès. Quatre étapes se déroulent donc en Allemagne de l'Ouest dans ce Tour du renouveau. En effet, aucun des deux premiers de l'édition précédente n'est présent au départ. Bernard Hinault a pris sa retraite et Greg LeMond gît sur un lit d'hôpital à la suite d'un accident de chasse qui faillit lui coûter la vie. Stephen Roche devient le premier Irlandais à s'imposer dans cette épreuve cette année-là.

Village Départ connaîtra pour ses dix ans en 2015 son cinquième départ de l'étranger, après Londres, Rotterdam, Liège et Leeds, le dernier en date, le 5 juillet 2014. À cette occasion, je reçois une star internationale, Petula Clark, dont la carrière démarre sans le vouloir, dans des conditions bien singulières. Petula est âgée d'à peine neuf ans lorsque les Anglais découvrent sa voix le 17 octobre 1942 : « *Pendant la Seconde Guerre mondiale, les enfants de soldats exilés pouvaient venir à la BBC radio pour adresser un message à leur père ou à leur frère qui étaient mobilisés en Afrique du Nord ou au Moyen-Orient. Moi j'ai dit quelques mots à mon oncle posté au front dans le désert irakien. C'est alors qu'une bombe a explosé tout près des locaux, en plein centre de Londres. Tous les murs tremblaient et les enfants étaient terrifiés. Moi du haut de mes neuf ans, j'étais, hélas, habituée à ces bombardements fréquents. Les responsables de la radio m'ont alors demandé si je voulais bien chanter une chanson pour apaiser l'ambiance. Je suis montée sur la scène, devant le gros micro de la BBC et pour la première fois, le public m'a entendu chanter.* »

À la maison, Petula passait parfois des journées entières réfugiées avec ses parents et sa sœur dans les abris anti-raids du jardin. Les affres de la guerre, elle les a vécus avec un aplomb peu commun pour une petite fille. Sa prestation à la BBC eut un retentissement phénoménal. Des milliers de lettres ont afflué les jours suivants à la radio, la réclamant pour d'autres émissions. Très vite, Petula est devenue la mascotte de l'armée britannique et la chanteuse préférée de Winston Churchill.

Un beau témoignage dans ce Village Départ so british et carrément vintage. En effet, l'autre invité du jour est le dernier rescapé du groupe londonien Imagination, mondialement célèbre grâce à deux énormes hits : « Just an illusion » et « Music and lights ». Leee John le chanteur du groupe entretient la légende en se produisant seul sur scène. Sa voix qui n'a pas changé ravive toujours les souvenirs aux ados des années 80.

Au final, ce grand départ dans le Yorkshire a mobilisé des foules considérables. Quatre millions huit cent mille personnes ont suivi les trois étapes. Du jamais vu. Dans les propos de Christian Prudhomme, l'émotion est encore palpable : « *Le regard des gens sur ces routes anglaises, c'est ce dont je rêvais quand j'étais gamin. Dans les yeux des enfants qui brillaient, je me revoyais quarante ans en arrière. Les départs à l'étranger font la grandeur du Tour, c'est ce que les Français ne comprennent pas. Le mot France et les drapeaux tricolores, j'en ai vu autant en trois jours en Angleterre que dans les deux semaines et demie qui restaient. La une du "Times" titrait "Vive le Tour" en français. Vous vous rendez compte ? Toute la famille royale était là. J'avais donné pour consigne aux coureurs d'enlever leur casque et d'écouter leur discours et je peux vous dire qu'ils l'ont tous respectée. Je voyais à quel point ils étaient fiers d'être aux côtés du prince Harry, du prince William et de son épouse Kate Middleton. Quand cette dernière a remis le maillot jaune à Marcel Kittel, j'ai vu les jambes du coureur allemand qui tremblaient. J'ai même reçu une lettre de félicitations du Premier ministre anglais David Cameron le jour où François Hollande était dans ma voiture. Lui aussi était impressionné par l'impact suscité par le passage du Tour outre-Manche. C'est pour cela qu'on ne partira jamais d'un pays où il n'y a pas la passion.* »

Pas de risque cette année avec un départ au Royaume des Pays-Bas où depuis très longtemps l'événement est attendu avec impatience tant par la famille royale que par la population.

LES LARMES DE PIERRE PERRET

Parfois, la communion entre les artistes et le public est telle qu'on n'est pas loin de verser une petite larme.

Pierre Perret est notre invité à Montargis en Bourgogne le 9 juillet 2010, le jour même de ses 76 ans. À peine installé à table, Pierre entend les centaines de spectateurs lui chanter « Bon anniversaire ». Il ne peut s'empêcher de pleurer devant cette déclaration d'amour spontanée. Dans ces cas-là, quand la réaction de l'invité est sincère et spontanée, j'ai moi-même du mal à résister. Mais qu'importe, l'instant est beau et les surprises s'enchaînent.

Sur scène, une quinzaine d'enfants entonnent « La cage aux oiseaux », chanson qu'ils ont consciencieusement répétée depuis une semaine.

Puis je lui propose de revoir un extrait d'une émission de Guy Lux en 1975 où Pierre interprète son fameux « Zizi » devant un public hyper gêné par les paroles. « *À l'époque, c'était gonflé. Aujourd'hui, c'est une comptine* », souligne son auteur.

À cette époque, Pierre Perret est un précurseur, comme a pu l'être Charles Aznavour trois ans plus tôt avec un thème plus sérieux, l'homosexualité. Écrire sur un sujet tabou dans les années 70 réclamait beaucoup de talent, de finesse et d'intelligence. La moindre fausse note, si je puis dire, pouvait tout gâcher. Charles Aznavour avec sa chanson « Comme ils disent » et Pierre Perret avec « Le zizi », ont réussi à leur manière à faire évoluer les mœurs.

Pour preuve, les enfants se sont mis à chanter « Le zizi » dans les cours de récréation et de nombreux parents ont remercié le chanteur de les avoir un peu décomplexés. « *Grâce à vous, nos enfants ont compris que les bébés ne naissaient pas dans les choux* », lui disaient-ils.

Pierre Perret a vendu avec son « Zizi » un million d'albums et cinq millions de 45 tours. La chanson a été écrite juste après la décision du gouvernement d'enseigner l'éducation sexuelle à l'école : « *Jamais je n'aurais pensé qu'elle serait diffusée à la radio. J'avais misé sur d'autres titres en amenant mon album au directeur des programmes d'Europe 1, Jacques Ourevitch. Je m'en souviens comme si c'était hier. Il était midi moins dix, c'était juste avant le flash info. Jacques regarde la liste des chansons et me dit : "Tiens, on a le temps de diffuser celle-là, 'Le zizi'". Je lui réponds effaré : mais non, c'est pas possible Jacques, ça ne passera jamais à la radio. Il me regarde et me lance : "Ici, on ne s'interdit rien !" À la fin de la chanson, le standard d'Europe 1 était complètement bloqué. Les gens disaient : repassez là, repassez là, on n'a pas tout compris. (rires)* »

Notre chroniqueur gastronomique Vincent Ferniot s'est aperçu très vite lui aussi de l'impact surprenant de ce titre : « *Beaucoup de pâtissiers ont fait fortune en confectionnant des sablés, des biscuits, des gâteaux en forme de zizi. Tout le monde en a profité.* »

Quarante ans plus tard, Pierre Perret ne peut conclure ses spectacles sans la chanter. Elle est devenue une chanson incontournable et reste à ce jour le plus gros succès de sa carrière.

PATRICK POIVRE D'ARVOR

Comme beaucoup, Patrick Poivre d'Arvor voue une véritable admiration à Bernard Hinault. Dans le Village Départ de Mâcon, l'ex-présentateur du 20 heures de TF1 se souvient du jour où son idole a abandonné, en 1980 à Pau. Cette année-là, le début du Tour, très pluvieux, avait ravivé sa douleur au genou jusqu'à la rendre insupportable. Au soir de cette douzième étape, le champion porte encore le maillot jaune sur ses épaules et donne des nouvelles rassurantes aux journalistes. Un leurre comme le constate PPDA qui a vécu ce moment au plus près : « *J'ai eu le privilège de dîner avec lui ce fameux soir où je vois qu'il est dans un état catastrophique. À table, il ne dit pas un mot. Puis il se lève au milieu du repas et s'en va. Tout le monde le cherchait partout. Bernard avait quitté le Tour sans rien dire. Ni vu ni connu.* »

Quelques instants après, vers 22 h 30, Cyrille Guimard le directeur sportif de Bernard Hinault convoque les organisateurs Jacques Goddet et Félix Lévitan pour leur annoncer la mauvaise nouvelle : « *Bernard est au bout du rouleau, il n'est plus capable de monter sur un vélo.* »

La presse est abasourdie, incapable le lendemain de retrouver la trace du Breton. Il s'est littéralement volatilisé. La une de *L'Équipe* est cinglante : « *Pau, 22 h 30, Hinault renonce.* »

Deux jours plus tard, au journal de 20 heures d'Antenne 2, le présentateur Dominique Baudis annonce : « *On a enfin retrouvé Bernard Hinault.* » À l'hôpital de Brest, le fugitif sort de son mutisme pour expliquer les raisons de son abandon : « *Je n'ai pas voulu laisser l'image d'un coureur qu'on doit plaindre. C'est la loi du sport. Vous savez, quand on quitte le Tour de France comme cela, ce n'est pas de gaîté de cœur. Ce n'était pas mon jour et il ne fallait pas venir me poser des questions.* »

Un mois et demi plus tard, il deviendra champion du monde.

LA COLÈRE DE JEANNIE LONGO

Dans Village Départ, en dix ans, nous sommes passés par toutes les émotions. Certaines parfois se mélangent à la colère. Le 2 juillet 2012, la championne Jeannie Longo vient d'apprendre qu'elle ne participera pas à ses huitièmes Jeux olympiques qui se dérouleront à Londres au mois d'août. En effet, la doyenne du cyclisme français, alors âgée de 53 ans, n'a pas été sélectionnée par sa Fédération au profit de jeunes athlètes d'une vingtaine d'années. Alors que nous sommes en Belgique à Visé, je décide de lui donner la parole en duplex de Grenoble. Comme d'habitude, Jeannie ne mâche pas ses mots et parle d'un complot à son encontre :

« – *J'ai été la cible de la Fédération française de cyclisme. On a voulu se débarrasser de la vieille. De la même façon qu'on a dénigré notre ancien président* (Nicolas Sarkozy) *au moment des élections. Le manque de respect est blessant, la méchanceté gratuite me fait peur. En France, on a toujours tendance à vouloir démolir nos modèles. C'est le mal français.*

– Ne pensez-vous pas susciter surtout de la jalousie en étant encore en compétition à votre âge ?

– Cela peut paraître incongru d'être encore là, mais j'ai une hygiène de vie irréprochable et je n'ai jamais arrêté le haut niveau. Beaucoup de jeunes me reprochent d'être sur le devant de la scène, mais moi je n'empêche pas les autres d'évoluer. Ce jeunisme est ridi-

cule. Mes meilleures années, c'était entre 30 et 40 ans parce que je connaissais parfaitement mon corps et que j'avais acquis une grande expérience professionnelle. Et je peux vous dire que cette année j'étais en forme olympique pour participer aux Jeux. »

Le coup est rude, le ton amer. Jeannie Longo n'avait pas raté une seule édition des Jeux olympiques depuis sa première participation en 1984 à Los Angeles, remportant au passage quatre médailles, dont une en or. Nul doute qu'aujourd'hui la douleur s'est estompée. Jeannie conserve pour longtemps encore le plus beau palmarès du sport français même si en septembre dernier, la jeune Pauline Ferrand-Prévot lui a succédé aux Championnats du monde en décrochant l'or, 19 ans après elle. Un long bail qui sonne comme une revanche dans ce conflit des générations. « *Depuis que j'ai cinq ans, on me parle de Jeannie Longo, mais elle ne nous a rien apporté à nous les jeunes. Elle s'est accaparé les médias, mais ne nous a jamais transmis son savoir, n'a jamais fait un pas vers nous. Un SMS, ça ne coûte rien* », dira la toute jeune médaillée. Souhaitons-lui une aussi belle carrière que sa désormais ex-rivale.

SOIRS DE FOOT

L'ambiance festive et légère du Tour de France n'occulte pas les moments forts, parfois douloureux que nos invités ont connus. À Dinan, la chanteuse Laam, revient sur cette terrible « Marseillaise » qu'elle a interprétée sous les huées un soir d'octobre 2008 au Stade de France avant un match amical de football France-Tunisie :

« *– J'ai perdu mon père il y a deux ans et la seule fois de ma vie où il m'a dit que j'avais bien chanté, c'était ce soir-là. Mais il était très en colère contre les sifflets. Il a vécu 40 ans en France et il a toujours adoré ce pays. Mon grand-père a combattu dans l'armée fran-*

çaise et j'étais fière d'être là pour fêter mes dix ans de carrière. Mais il faut aussi comprendre qu'il y a des jeunes qui ne sont pas heureux. Ils ont voulu l'exprimer de cette façon.

- Comment avez-vous fait pour chanter sous les sifflets sans craquer ?

- C'était la minute la plus longue de ma vie. C'était très dur. J'avais envie de partir, de pleurer, mais il fallait bien aller au bout. »

La rencontre entre les deux équipes aura bien lieu malgré cet incident regrettable, mais le président Nicolas Sarkozy et la Fédération française de football prennent acte pour l'avenir. Désormais, tout match durant lequel l'hymne français sera sifflé, sera immédiatement arrêté, et les rencontres amicales entre les deux pays suspendues pour longtemps.

En Corse, Pascal Olmeta, Bastiais d'origine, nous avoue qu'il ne s'est jamais vraiment remis du drame de Furiani qu'il a vécu de l'intérieur puisqu'il gardait les cages de l'OM en ce funeste 5 mai 1992. L'effondrement de la tribune qui a fait 18 morts et 2 200 blessés l'a définitivement marqué au plus profond de lui-même :

« *- J'ai beaucoup de mal à retourner dans les stades de football. Je n'en ai plus le cœur. J'y ai perdu des amis, un de mes cousins est décédé. Je me souviens que dans la panique générale, je suis tombé sur mon ex-femme qui m'a rassuré en me disant qu'elle n'avait pas emmené ma fille. Un peu plus tard, j'aperçois une autre petite fille qui avait l'âge de la mienne, assise, ensanglantée. Je ne l'ai jamais oubliée. Ces images d'horreur auxquelles j'ai assisté me suivront toute ma vie. Ce que je trouve lamentable, c'est que l'on veuille encore jouer des matchs le 5 mai. Se souvenir, c'est bien, mais cela replonge tous ces gens dans le drame. Beaucoup sont encore handicapés. Ne serait-ce que pour eux, c'est inadmissible.*

– On vous en reparle souvent ?

– Bien sûr, la Corse est petite. Régulièrement, je croise les enfants des victimes. »

Dans cette émission en direct d'Ajaccio, Pascal nous parle de son unique tatouage, cette trace indélébile sur le cœur, en souvenir du drame. Puis il en profite pour glisser un petit tacle à sa manière à ces « maudits » journalistes qui dénigrent son île : « *Quand je vois depuis deux jours la retransmission du Tour de France avec tous ces paysages somptueux, ce décor naturel, je me dis que ça ferme la bouche à ceux qui font des reportages de merde toute l'année.* »

Ce jour-là, Pascal a rejoint notre plateau en bateau depuis sa paillote et Alizée, autre invitée de l'émission, n'a eu qu'à traverser la rue, sa maison étant juste en face. La chanteuse elle aussi ne peut cacher son émotion et sa fierté ce jour-là : « *J'étais tellement heureuse d'avoir pu chanter chez moi pour une fois. Pendant ma chanson, je voyais les drapeaux corses dans les écrans devant moi. C'était très touchant. Merci au Tour de France d'être venu en Corse.* »

C'est à Ajaccio qu'Alizée a commencé à chanter en spectacle dès l'âge de 12 ans. Trois ans plus tard, elle s'inscrit à l'émission de M6 « Graines de stars » au cours de laquelle elle interprète « Ma prière » d'Axelle Red. L'aventure ne dure pas, mais elle lui permet d'être repérée par Mylène Farmer qui lui écrit dans la foulée « Moi... Lolita », un tube planétaire qui s'exportera dans 19 pays. En France, la chanson figure à la 31e place des singles les plus vendus de tous les temps (le premier étant l'incontournable « Petit papa Noël » de Tino Rossi devant « La danse des canards » et « Belle » du trio Fiori, Garou, Lavoie).

Aujourd'hui, les médias semblent davantage s'intéresser à la vie privée de la chanteuse qu'à ses dernières productions. Dommage.

ILS NOUS ONT QUITTÉS

CARLOS ET ANTOINE BLONDIN

Le 19 juillet 2005 à Mourenx dans les Pyrénées-Atlantiques, Gérard Lenorman est notre invité en compagnie de l'actrice Isabelle Carré. Au milieu de l'émission, Carlos nous fait la surprise de débarquer sans prévenir : « *Je voulais saluer mon copain Gérard. Ça va ma poule !* » Un moment de télé simple et chaleureux qui nous rappelle l'ambiance qui régnait dans les émissions de variétés des années 70.

Carlos de retour sur le Tour se remémore avec bonheur les fabuleux souvenirs du podium Europe 1. Les chanteurs s'y produisaient chaque soir dans la ville étape. Les concerts étaient gratuits et rassemblaient des foules considérables, parfois jusqu'à 20 000 personnes : « *En 1972, on avait même enchaîné le Critérium du Dauphiné Libéré et le Tour de France avec le podium Europe 1. Un vrai marathon. Il y avait Jacques Martin, Jean-Marie Rivière et plein d'autres copains. Que des bons vivants. J'ai partagé des moments merveilleux avec le célèbre journaliste Antoine Blondin qui m'avait choisi pour être son témoin de mariage. Il disait toujours : "Le Tour de France, c'est la fête et les jambes"* ».

Parlons-en d'Antoine Blondin. Durant 27 Tours de France, il a éclairé les lecteurs du journal *L'Équipe,* à une époque où la télévision était balbutiante. Les amateurs de vélo n'avaient que la presse écrite pour connaître les détails de l'étape. Ils se régalaient de ses chroniques littéraires au style élégant, imagé et poétique : « *Le Tour de France avançait par monts et par Vosges d'une pédale circonspecte vers le pied du ballon d'Alsace.* » Qui oserait écrire ainsi aujourd'hui à l'heure des mails et des tweets.

À l'un de ses confrères, l'auteur du « Singe en hiver » glissa cette recommandation : « *N'oublie pas qu'on écrit avec un dictionnaire et une corbeille à papier. Tout le reste n'est que litres et ratures* ». L'apéro qu'il appelait joliment « *verres de contact* » était pour cet amateur de boisson invétéré un de ses moments préférés. « *L'argent liquide est fait pour être bu* », disait-il entre deux tournées.

Chaque soir, les journalistes de *L'Équipe* se retrouvaient pour dîner dans la cantine itinérante du Tour. La qualité des repas laissait parfois à désirer. Les cinq premiers jours, du pintadeau était servi tous les soirs en plat de résistance. N'y tenant plus, Blondin se lève et s'adresse à Madame Lévitan, l'épouse du directeur, qui établissait les menus : « *Je vous signale qu'un pintadeau nous suit depuis le départ. Si vous comptez le ramener à Paris, il serait temps de lui mettre un dossard.* »

Aujourd'hui encore, l'esprit malicieux de Blondin l'anarchiste se consomme sans modération : « *Je n'ai jamais osé être de gauche étant plus jeune, de peur d'être de droite en vieillissant.* »

En 2011, pour marquer les vingt ans de sa disparition, un prix Antoine Blondin est décerné au meilleur calembour du Tour de France. C'est l'envoyé spécial du « Télégramme de Brest » Jérôme Le Gall qui l'emporte. Suite à des chutes à répétition, son titre « La semaine des 35 heurts » a fait mouche. Sa comparaison du contre-la-montre à un « Plaisir solidaire », superbe allégorie, lui vaut également les félicitations du jury. Un jury présidé par Laurent Gerra qui est venu annoncer le résultat dans Village Départ.

Revenons aux grandes soirées des années 70 sur le Tour de France. Pour des fêtards comme Carlos, elles se prolongeaient souvent bien au-delà du spectacle, jusqu'au petit matin. Trois semaines de folies qui nécessitaient une santé de fer pour tenir le coup. Le roi du « Big Bisou » a totalisé pas moins de 580 podiums sur les routes de la Grande Boucle.

Dans ce Village Départ avec Gérard Lenorman, Carlos est rayonnant, heureux de passer la journée à suivre l'étape comme au bon vieux temps.

Deux ans plus tard, il nous rejoint à Albi sous la pluie pour ce qui sera son avant-dernière télévision, avant celle de Michel Drucker « Vivement dimanche ». Carlos paraît vraiment fatigué ce jour-là, il a un peu de mal à respirer. Sa santé se dégrade, anéantie par un cancer. En le voyant dans la loge, je me dis que cette émission représente un véritable effort pour lui.

À l'antenne, sa gentillesse et son professionnalisme ne laisseront rien paraître. Il chante la chanson du générique de « Camping Tour », la mini-série de France 2 réalisée par Fabien Ontoniente. Ce sera sa dernière chanson. L'image est tout de même irrésistible avec un Carlos tenant un parapluie, entouré de filles du French Cancan et un Laurent Jalabert dévergondé, soulevant son tee-shirt en dansant. Un grand souvenir.

Parmi ceux qui nous ont quittés, je n'oublierai pas non plus Pierre Mondy, Georges Moustaki, Eric Bamy, longtemps doublure de Johnny sur scène, et bien sûr Thierry Roland.

THIERRY ROLAND

Le plus célèbre des commentateurs de football est notre invité à Longjumeau le 25 juillet 2010, quelques jours après la funeste Coupe du monde des Bleus en Afrique du Sud, qu'il a suivi pour M6. L'occasion d'en remettre une couche sur cette pitoyable équipe de France devenue, en faisant grève, la risée du monde entier : « *J'ai eu honte. Ils ont agi comme des gamins qui refusent d'aller à l'école. Sauf que ces gars-là sont des adultes qui gagnent des fortunes. Pour moi Nicolas Anelka n'est ni un champion ni quelqu'un d'intelligent. Je n'ai pas été surpris qu'il insulte son entraîneur. On n'a jamais vu un con devenir un champion.* »

Thierry a couvert une seule fois le Tour de France dans sa carrière. C'était en 1969, lors de la première victoire d'Eddy Merckx. Il nous raconte ce moment inoubliable, un an après les événements de mai 68 et la grande purge des journalistes à la télévision et à la radio : « *J'étais tous les jours dans une voiture au cœur de la caravane publicitaire du Tour et j'essayais de vendre des abonnements au journal des licenciés de l'ORTF qui s'appelait "Public". Les places dans la caravane étaient déterminées au départ et impossible d'en changer jusqu'à l'arrivée. Juste devant moi, il y avait un camion déguisé en régime de bananes avec perché sur le toit, Aimable et son accordéon. Pendant 3 500 kilomètres à 30 à l'heure, j'ai entendu : "Banane, fruit des rois, roi des fruits. En toute saison, banane à la maison." Je peux vous dire qu'après trois semaines, je connaissais la formule par cœur. Cela dit, grâce à la sympathie des gens, nous avons récolté plus de cent mille abonnements à notre journal en 22 jours.* »

Licencié de l'ORTF, comme Robert Chapatte, Thierry a retrouvé son public avec bonheur cette année-là et n'a cessé de signer des autographes. À la fin de ce périple, il était plus fatigué que les coureurs eux-mêmes. Ce Tour de France s'achève le 20 juillet 1969. Une date historique pour le monde entier puisqu'il s'agit du premier pas de l'homme sur la lune : « *J'ai pu rentrer chez moi à temps pour assister avec ma femme à la retransmission à la télévision. Curieusement, j'ai eu du mal à prendre conscience de ce qui se passait. C'était tellement irréel. Nous vivions en direct "On a marché sur la lune" de Tintin.* »

En 1983, Laurent Fignon remporte son premier Tour de France à l'arrivée sur les Champs-Élysées. Invité de Stade 2, le champion répond aux différentes questions des journalistes dont l'une, signée Thierry Roland, restera dans les annales, si je puis dire. « À quel moment vous avez fait le trou, Fignon ? » ose en effet Thierry dans l'hilarité générale. Ce genre de blagues potaches à l'antenne était souvent le résultat d'un pari ou d'une insouciance sans limites. Quand il commentait un match avec Jean-Michel Larqué, il avait l'habitude dès qu'un soigneur d'une équipe étrangère entrait sur le terrain, de l'appeler Tortori s'il était Italien, Tortores s'il était Espagnol ou Tortorov s'il était Bulgare. Un gag destiné à leur ami Stéphane Tortora, chef du service des sports de M6 qui les faisait beaucoup rire.

Récemment, Thierry avait accepté en toute amitié de participer au clip délirant de ma chanson « No sport, No stress ». Une « œuvre » totalement décalée dans laquelle je me moque des interdits de plus en plus nombreux dans notre vie quotidienne et de moi-même au passage. J'attaque le deuxième couplet en disant :

« Thierry Roland, c'est mon modèle,
D'hygiène de vie professionnelle
Sa conception du sport me plaît :
(Thierry) Hôtel, cigare et canapé ! »

Plusieurs prises ont été nécessaires tellement on a ri lors de ce tournage réalisé dans un restaurant parisien tenu par Chantal et Bruno, un couple de Chamoniards hors-norme. Comme moi, il s'est fait gentiment chambrer par ses collègues, notamment ceux de RTL, mais je suis heureux d'avoir partagé avec lui cet instant convivial, sans nous prendre au sérieux. Cela lui ressemblait parfaitement. À mon grand désarroi, j'ai constaté que de nombreuses personnes ont pris cette petite fantaisie au premier degré, sans même écouter les paroles. Comme si cette incartade sans prétention dans la chanson, simplement pour s'amuser, pouvait choquer leurs chastes oreilles de musiciens soi-disant avertis. Il est vrai qu'en France, lorsque l'on touche à un domaine qui n'est pas le sien, on se fait fusiller.

Thierry Roland s'était lui aussi « compromis » en 1988 dans une chansonnette inoubliable intitulée « La troisième mi-temps » :

« Quel est le moment
Que le sportif attend
C'est la, c'est la troisième mi-temps (...)
Voilà l'arbitre qui débarque
La gueule enfarinée
Nous menions encore à la marque
Quand il nous a saqués
Pas question de gâcher la fête
Tout ça, c'est du passé
Après une dizaine de canettes
On aura tout oublié ouais »

Je pense qu'il a dû en vendre autant que moi....

Chez Jean-Marc Morandini, sur l'antenne d'Europe 1, où nous étions invités tous les deux en avril 2011, Thierry m'a dit des choses très gentilles qui m'ont beaucoup touché. Venant de sa part, elles n'avaient que plus de valeur.

Son franc-parler et sa voix imprimée à jamais dans la mémoire de plusieurs générations nous manquent. Jamais il ne dénigrait ses confrères en public ou sur les réseaux sociaux. Habitude détestable qu'ont prise certains de ses anciens collègues. Quand Thierry avait une critique à vous faire, il s'adressait directement à vous. Sans passer par Twitter ou Facebook pour la clamer à la terre entière.

Le mot retraite l'effrayait. Il a vu son ami Roger Couderc partir quelques mois après avoir commenté son dernier match de rugby. Puis Robert Chapatte, affaibli par la maladie et victime d'un malaise lors de son 45e et ultime Tour de France en 1994. « Je me suis endormi à Lourdes et réveillé dans un hôpital à Paris », dira-t-il le lendemain pour dédramatiser la situation. Thierry Roland restera profondément marqué par le crépuscule de ses illustres collègues.

En 2012, je souhaitais l'inviter de nouveau dans Village Départ, juste après l'Euro de foot en Pologne et en Ukraine. Je l'avais eu au téléphone à deux reprises au mois de mai pour caler la date. Nous nous étions fixés sur celle de Rouen le 6 juillet. Le destin en a décidé autrement. J'étais dans le train pour Grenoble quand j'ai appris la nouvelle de son décès. Triste journée du 16 juin. Son épouse Françoise Boulain, grande réalisatrice à la télévision et merveilleuse amie, m'a fait cadeau des cigares qu'il chérissait et conservait dans une magnifique cave. Ils les achetaient chez le maître du Havane Vahé Gérard, à chaque fois qu'il passait par Genève. J'en garde quelques-uns précieusement à la maison. Le cigare était pour lui synonyme de communion entre amis. À l'image de son sport fétiche qu'il a commenté pendant quarante années ponctuées par treize Coupes du monde. Aujourd'hui avec la multiplication des chaînes, une telle carrière paraît impossible. Thierry Roland restera à jamais un pionnier et une légende.

ALAIN MIMOUN

Un géant comme on en fait plus. Je l'ai reçu la première année de Village Départ, à Corbeil-Essonnes, pas loin de chez lui. Je connaissais bien le personnage, ayant eu l'honneur de partager de somptueux dîners dans sa maison de Champigny-sur-Marne qu'il avait baptisée « L'Olympe ». Mimoun, illustre champion olympique du marathon de Melbourne en 1956, était un homme chaleureux, passionné, volcanique aussi. Il ne supportait pas que l'on salisse l'image de la France, qu'on ne l'aime pas tout simplement. J'imagine que les récentes attaques terroristes l'auraient profondément affligé, lui le musulman converti au catholicisme. Avant de venir participer à notre émission, il avait écrit ce texte qui n'a pas perdu de sa force dix ans plus tard : « *Chaque matin, lorsque je me réveille, je remercie Dieu de m'avoir donné la bénédiction d'être citoyen de ce pays. J'ai connu la France, rêvant à elle par des cartes de géographie, et je m'interrogeais : comment est cette France, ma mère patrie ? À 11 ans, on m'avait refusé une bourse en Algérie alors que tous les fils de colons en profitaient. Cette injustice renforçait mon envie de connaître ce pays. Le seul moyen était l'armée. Le hasard fit que la guerre fut déclarée trois mois avant mes 18 ans. Je m'engageais. Je me suis plus investi pour connaître la mère patrie que pour la défendre. J'ai donné mon sang pour la France et arraché quatre médailles olympiques pour elle. Honnêtement, ce qui me peine un peu, c'est le sentiment que le peuple français ne mérite pas son pays. J'ai fait dix fois le tour du monde, rien ne vaut la France. Quand le drapeau tricolore a été hissé à Melbourne, j'ai pleuré sans larmes tellement j'étais déshydraté. Pour moi la France, c'est la plus belle fille du monde avec en plus quelque chose de sacré, une atmosphère de sainteté. La France aura été depuis ma jeunesse, l'amour le plus permanent et le plus ardent de ma vie. J'aimerais avant de disparaître la retrouver dans sa grandeur, sa noblesse et sa splendeur.* »

Alain Mimoun pourrait-il aujourd'hui lire ce texte sans être taxé d'atteinte à la laïcité ? Ce n'est pas certain. Une telle déclaration d'amour au pays qui l'a accueilli paraît presque dépassée de nos jours. Mimoun est un homme du XXe siècle qui se désespérait parfois devant l'évolution de notre société. Pourtant, il adorait la jeunesse, celle qui représente dignement son pays, avec ses valeurs de courage et d'abnégation. Il était si heureux lorsqu'un jeune sportif le citait en référence, comme modèle. Lui à qui l'on offrait un kilo de beurre en guise de récompense quand il remportait une course. La gloire, il l'a conquise par ses exploits sur la piste, sans remplir son compte en banque. Cela suffisait à son bonheur, même s'il aurait préféré parfois vivre à une autre époque : « Un jour, Jacques Chirac m'a dit : "Mon pauvre ami, tu es né trop tôt." Aujourd'hui, avec mes quatre médailles, j'aurais autant de millions d'euros. »

Alain nous a quittés en juin 2013, à l'âge de 92 ans, diminué par la mort récente de son épouse qu'il chérissait. Souhaitons, comme l'a proposé le groupe communiste à Paris, que le Palais omnisports de Bercy porte un jour le nom d'Alain Mimoun. Il en serait tellement fier et heureux.

GRÉGORY LEMARCHAL

Il n'a pas eu le temps, hélas, de venir dans Village Départ. Grégory Lemarchal, celui que l'on surnommait le « Petit ange de la chanson » s'est éteint à l'âge de 23 ans, le 30 avril 2007, des suites de sa maladie, la mucoviscidose.

En 2010, le Tour de France part de Chambéry, où il repose et où réside sa famille. C'est avec un très joli document, jamais rediffusé, que nous lui avons rendu hommage.

Grégory a 17 ans lorsqu'il participe à cette émission du 30 octobre 2000 à midi sur France 3 Rhône-Alpes. Il vient de remporter le tremplin des étoiles à Montélimar et fait déjà les premières parties des spectacles de Gilbert Montagné et Hervé Vilard. Sur le plateau, il chante le titre de Céline Dion « *Je sais pas* ». En direct et dans des conditions difficiles, sans retour son, il nous livre une interprétation magistrale.

Cyril Féraud, l'un des invités de ce Village Départ, se souvient du vainqueur de la « *Star Academy* » 2004 : « *Tout le monde parle de lui avec beaucoup de tristesse évidemment. Mais c'était un garçon très drôle qui n'arrêtait pas de déconner. Quand on était avec lui, on en oubliait complètement sa maladie.* »

Malgré sa très courte carrière, le jeune prodige n'a jamais été oublié. Sur son compte Twitter, Nikos Aliagas en appelle souvent au soutien de l'association Grégory Lemarchal, comme ici en 2013 : « *Depuis six ans, cette date du 30 avril reste amère. Six ans que Grégory a déployé ses ailes d'ange et nous a quittés. Mais le combat doit continuer.* » Son histoire a bouleversé l'ancienne Desperate Housewife Eva Longoria. Preuve de sa générosité, l'actrice américaine a reversé les dons d'une soirée caritative qu'elle organisait à Paris en faveur de l'association dont Pierre, le père de Grégory, est le président. Aujourd'hui encore, ce dernier n'hésite pas à monter sur scène pour chanter le répertoire de Jacques Brel et Serge Lama afin de récolter des fonds. Avec sa femme Laurence, il multiplie les interventions dans les collèges et les lycées pour sensibiliser les jeunes aux dons d'organe.

Je regrette de ne pas l'avoir reçu en 2005 ou en 2006. Nous aurions certainement vécu un beau moment.

10 ans d'émotions et d'images

Deux marraines de charme :
Sheryl et Élodie
entourent Vincent Ferniot.

Avec Shy'm ! Devinez
qui est le plus heureux
des deux ?

Irma et Annie Cordy à Gap,
deux générations,
une même passion.

Toi Grégoire + Moi.

Tal prête à enflammer le public du Touquet sous l'œil rassurant de Fred Taborin.

Indila en plein bonheur avec ses fans à Tomblaine.

Christophe en pleine répétition à Porto-Vecchio.

Christophe Maé premier invité de Village Départ 2013.

Avec mon pote Quentin Mosimann. Délire assuré.

Le phénomène
Kendji Girac retrouve
Bergerac, la ville
où il a grandi.

Retrouvailles dans la Drôme entre Marianne James et Christophe Willem, en présence de Jean-Luc Lahaye.

Nice en fête avec les deux locales du jour Denise Fabre et Mado. A leurs côtés : Vincent Niclo et John Mamann.

Michael Jones et son inséparable guitare.

Madame Petula Clark à Leeds répète son medley très tôt le matin.

Moment solennel : Élodie Frégé goûte la tartiflette d'Annecy.

Avec Pierre Perret.
Pause détente méritée.

PPDA attend
le départ de l'étape
avec notre cameraman
Didier Neyrac.

Laam et Chantal Ladesou, invitées à Dinan avec Raft (« Yaka danser »).

Grande partie de rire avec Thierry Roland sur le tournage du clip « No sport ».

Alizée, Jean-Luc Reichmann et Patrick Hernandez à Ajaccio, juste avant le direct.

10 ans de coulisses

« L'œuvre d'un homme doit être assez forte pour qu'on puisse lever le rideau sur les coulisses. »

Jean Cocteau,
poète, cinéaste.

POPULAIRE. C'est le mot magique qui définit le mieux « Village Départ. » Alors que la télévision d'aujourd'hui fait malheureusement de moins en moins la part belle aux directs, cette émission fait office d'exception. Dans une ambiance digne d'une grande Fête, ce programme est une bulle de sourires et de bonne humeur au quotidien sur France 3 pendant le Tour de France.

Invité récurrent de l'émission depuis cinq ans, à Sisteron, Pau, Castres et Tallard entre autres, c'est toujours avec le même plaisir que je retrouve le chemin du plateau de Laurent Luyat, mon meilleur ami, mon frère dans la vie, la vraie. Le plus impressionnant, en tant qu'invité, c'est d'abord le public venu assister à l'émission et qui commence à se masser autour des barrières plusieurs heures avant l'antenne, toujours aussi enthousiaste à l'idée d'apercevoir les stars de la chanson d'aujourd'hui et d'hier, dont ils reprennent toujours les paroles en chœur lors des séquences variétés. Mais aussi les visages familiers de la télévision, du sport ou du cinéma qu'ils peuvent approcher sans le moindre souci.

La puissance de « Village Départ » ? Le public participe à l'émission, placé à quelques mètres à peine des invités, des animateurs et des chanteurs. Les spectateurs font, à leur façon, partie du show et ils le font savoir à grand renfort d'applaudissements et de cris, même après plusieurs heures en plein soleil ou sous la pluie !

Côté coulisses, personne ne se la joue « star » et pourtant il n'y a que des vedettes. Les invités se croisent, se présentent, se félicitent ou font tout simplement connaissance sous les tentes de fortune. Les uns grignotent rapidement avant l'émission, les autres souvent venus avec leur famille ou leurs amis qui habitent « dans le coin » trinquent en attendant le direct. Les artistes attendent leur tour pour passer dans la « caravane » de maquillage, un peu comme une colonie de vacances. Il m'est même arrivé à Castres de me faire maquiller à la hâte, dans la rue, avec les spectateurs amusés qui s'arrêtaient pour prendre des photos ! Ça fait partie du folklore, et c'est bien cela qu'on aime dans cette émission.

Des moments forts, en coulisses il y en a eu lors de mes différentes venues : Linda De Suza, que je n'avais jamais rencontrée auparavant et qui me saute dessus dans le hall de l'hôtel : « Mon chéri, j'ai eu une vision la première fois que je t'aie vu à la télé, je savais que tu ferais carrière. Je peux te dire que tu vas hériter d'une nouvelle émission au mois de mars 2015, je te le certifie, j'ai eu un flash ! » Résultat : en mars dernier, France 3 me confiait les rênes du « Grand Slam » la version dominicale de mon jeu quotidien. Étonnant, non ?

Quelques années plus tard, un dîner avec un Francky Vincent particulièrement en forme nous expliquant que son petit garçon de 5 ans avait été traumatisé en écoutant la chanson de son papa « Tu veux mon Zizi ? », pensant que son chanteur de père voulait se faire réellement « couper le zizi » et que ça n'était pas une bonne idée ! Quelques verres de rosé aidant, la crise de rire a duré un très long moment.

Il y a aussi les souvenirs de dîners sous les étoiles, dans la chaleur des soirées d'été, à refaire le monde et la télé avec Laurent et Fred Godard, son fidèle réalisateur et ami.

Laurent, fumant son cigare et enfumant fièrement ses voisins au passage tout en griffonnant le conducteur de l'émission du lendemain qu'il écrit, raye, corrige à grand renfort de flèches dans tous les sens. Pascaline la scripte devra, le lendemain matin aux aurores, décrypter ses corrections telles des hiéroglyphes sur la feuille brûlée de part et d'autre par les restes de cendres de la veille.

Autant dire que lorsqu'en décembre, Laurent me propose d'intégrer l'équipe pour y présenter une nouvelle rubrique à ses côtés, ma réponse n'a pas tardé. Nous avons déjà eu l'occasion de présenter le « Téléthon » en direct pendant plusieurs heures tous les deux, et notre complicité à l'écran nous a toujours donné envie de nous retrouver un jour dans la même émission.

Une chose est sure : ce sera un énorme kiffe !

Cyril FÉRAUD

Mon frérot. Cyril Féraud

UN PUBLIC DE GALA

JOURS DE FÊTE

Village Départ est une émission en direct, sans prompteur, sans filet. C'est bien ce qui fait le charme d'une télévision non aseptisée. Qui plus est, les téléspectateurs adorent les imprévus. Avec une pointe de cynisme, ils se délectent devant une grosse « plantade ». Pour voir en particulier comment l'animateur va s'en sortir.

Personnellement, quand je suis confronté à un problème en direct, je pars du principe que ce n'est pas grave, que de toute façon, cela va s'arranger et que les zappings vont se régaler.

Le public de Village Départ joue un rôle essentiel à l'image. Il crée l'ambiance, le décor, l'humeur, guidé en permanence par notre chauffeur de salle, l'excellent Rémy Guilloton : « *Chaque ville a sa manière bien à elle de créer une ambiance singulière, par ses chants régionaux, ses fanfares, ses déguisements, ses supporters locaux, ou ses chansons exclusivement préparées pour l'occasion et reprises en cœur par tout le public. Toutes les générations de 7 à 77 ans (selon l'expression consacrée) sont réunies. Chez nous, la palette va même de 8 mois à 92 ans (sondage effectué par mes soins au cours de ces dernières années).*

Je me souviens de notre passage à Bergerac où les gens étaient venus déguisés avec trompettes et banderoles, il y avait des centurions, des Gaulois, des super-héros Vu de mon escabeau, c'était dingue.

Mon escabeau, partenaire fidèle et indispensable, qui me permet de voir tout le monde et d'être vu de tout le monde. Je suis perché !

Autre moment inoubliable à Tallard lorsque j'ai proposé à un jeune homme de rejoindre le centre du plateau, afin de mettre le feu en chantant, en criant, en faisant n'importe quoi. Je voulais qu'il fasse réagir le public et qu'il se lâche. Je lui ai donc laissé mon micro et à ma grande surprise, il a saisi l'occasion pour demander sa fiancée en mariage, devant une foule ébahie et émue, qui bien entendu a vivement réagi au "OUI" de la demoiselle. Pari gagné. »

La popularité des artistes se mesure facilement à l'accueil qui leur est réservé. L'an dernier par exemple, il a fallu renforcer la sécurité lors de la venue de Kendji le vainqueur de « The Voice », de Tal ou d'Indila.

Cela dit, les vedettes des années 70 ou 80 restent toujours en bonne place dans le cœur des gens. Je m'en suis encore aperçu lors d'une séance de dédicaces en Lorraine quelques semaines avant le Tour de France. Un couple d'une cinquantaine d'années vient me voir pour connaître les invités de l'émission qui passera près de chez lui. Je dis à la dame :

« – *Il y aura Indila, la plus grosse vente de disque actuellement.*

– *Ah ! Indila, oui c'est pas mal ça !*

– *Et il y aura aussi Hervé Vilard.*

– *Quoi ! Hervé Vilard !* »

Elle se tourne vers son mari :

« – *Alors là, il faut absolument qu'on y soit !* »

Autre exemple. Lorsque Michèle Torr est venue à Montélimar, une dame l'aperçoit sur le chemin qui la mène au plateau. Elle s'approche de la chanteuse, s'arrête devant elle et se met à pleurer. « *Bénissez-moi* », dit-elle à Michèle Torr qui la prend dans ses bras pour la calmer. « *C'est tellement incroyable de vous rencontrer !* »

Dès le matin, quelques centaines de personnes sont déjà réunies autour du plateau. Dès leur arrivée, les chanteurs se retrouvent devant des admirateurs de tous âges et de toutes conditions sociales. Certains n'ont pas assez d'argent pour aller les voir en concert. Même s'ils le peuvent, jamais ils ne les approcheront d'aussi près. De lui-même, l'artiste va faire des photos avec eux et leur serrer la main. Sans exagérer, il leur procure du bonheur à pleurer et l'exemple de Michèle Torr n'est pas le seul. Leurs larmes, elles viennent naturellement. Toutes ces vedettes, généralement surprotégées par leur entourage, n'ont alors qu'une envie : donner en retour. Ils oublient ce qu'ils représentent et redeviennent ce qu'ils sont, des personnes sincères et passionnées.

Au fil des saisons, les spectateurs sont de plus en plus nombreux comme on l'a vu l'an dernier à Saint-Étienne, où ils étaient plus de 2 000 autour du plateau installé devant le Zénith. « *Quand tu m'invites dans ton émission* », me dit Christian Prudhomme, le patron du Tour, « *il y a tellement de monde que je dois prévoir le temps que je mets pour y aller et surtout pour revenir.* »

Chaque année en fin d'édition, Christian vient faire le bilan dans Village Départ. Plusieurs fois, il dut commenter les affaires de dopage qui empoisonnent la compétition. Mais même dans les pires moments, il sait que la ferveur populaire ne faiblit jamais. Le Tour est plus fort que tout.

Quant aux personnalités qui prennent le départ dans sa voiture, toutes ont la même réaction. : « Ils me répètent sans arrêt : « C'est dingue ce monde, c'est toujours comme ça ? » Quand ils découvrent les échappées, les descentes de cols et voient en action le cameraman du direct qui fait balancier debout sur sa moto, ils me disent : « Mais c'est pas possible ? Les gens vont faire tomber les coureurs. » Ils ne se rendent pas compte du savoir-faire de toutes les équipes. Moi je leur réponds : « Profitez-en ! C'est comme si vous étiez dans le rond central d'un terrain de football et que vous regardiez le match. »

Christian connaît parfaitement ce public du Tour de France. Qui le lui rend bien. Dans son bureau, il collectionne photos, décorations, cadeaux parfois très personnels comme cette magnifique lampe de mineur qui lui été offerte dans le nord de la France : « *Si tu voyais l'émotion dans le regard de cette personne quand il me la donne, c'est extraordinaire. Je m'en souviendrai toute ma vie. Dans l'Ariège, on m'a également offert un vélo entièrement fabriqué en saucisson. Selle, pédale, guidon : tout était en lard. Ceux qui ont préparé cela sont de véritables amoureux du Tour de France. Si tu n'aimes pas le Tour, tu ne peux pas faire une chose pareille. J'ai un atout essentiel dans ma fonction : je sais couper le saucisson et j'adore ça. Je me rappelle d'un petit déjeuner en Auvergne avec au menu : tête de veau, tripes et omelette aux cèpes. Je n'ai pris, si je puis dire, que de la tête de veau et des tripes. Le patron me dit alors : "Monsieur n'aime pas l'omelette aux cèpes ?" Et il m'en sert trois louches. Derrière cela, je suis parti pour Mende où m'attendait l'aligot.* »

Que ce soit sur le bord des routes, dans les villes qui accueillent le Tour ou autour du plateau de Village Départ, la générosité des gens sur le Tour de France n'est jamais feinte. Même si de très rares fois, un grain de sable vient enrayer la machine.

TROUBLE-FÊTES

À Barcelone, j'ai connu une petite mésaventure à cause des policiers espagnols qui voulaient se faire payer grassement pour assurer notre sécurité. Du jamais vu. Ils s'en fichaient royalement de notre émission et même du Tour de France tout court. Nous avons évidemment refusé leur offre, ce qui s'avérera être une mauvaise idée. En effet, deux jeunes individus, des Français, en ont profité pour m'asperger d'eau dans mon dos en plein direct et en claironnant : « *Vive la Bretagne.* »

Très courageux, nos deux rebelles ont fui immédiatement en courant vers une bouche de métro toute proche. Mon chauffeur et chef de la sécurité, le fidèle « Dédé la moquette » n'a pas réussi à les rattraper. Heureusement pour eux, car ils auraient passé un sale quart d'heure. Ce geste curieux a tout de même une explication.

Quelques jours plus tôt, lors du départ du Tour de France à Monaco, j'avais souligné à l'antenne la différence de température par rapport à l'année précédente à Brest. Il faisait une chaleur étouffante en principauté (38), alors que dans le Finistère, nous étions sous la pluie avec des parkas. Ma remarque était spontanée, mais je le reconnais, un peu déplacée. Parfois, on ne se rend pas compte à quel point on peut choquer des gens, même pour une simple histoire de climat. Un couple de Bretons en vacances en Espagne a fait un détour de cent kilomètres pour me dire : « *On vous aime bien d'habitude, mais là, vous nous avez déçus !* »

J'étais sidéré qu'ils aient pris deux heures de leur temps de vacances pour une remarque qui me paraissait bien anodine. Mais ils m'ont fait comprendre mon erreur. D'autant plus que, sans démagogie, il fait souvent très beau l'été en Bretagne. Eux sont venus me le dire en face, et de façon très sympathique. Les deux jeunes ont préféré m'envoyer de l'eau et fuir lâchement. Paradoxes de la nature humaine.

Autre mini-incident à Grenoble où, là encore en plein direct, deux types masqués, en combinaison orange fluo enjambent les barrières et montent sur scène pour une raison inconnue. Pas de chance pour eux, j'interviewe à ce moment-là le champion du monde de judo Teddy Riner : « *Tu veux que je fasse la sécurité Laurent ?* » me lance Teddy, tout heureux de se dégourdir les jambes.

« – *Vas-y, n'hésite pas !*

– *Superman arrive ! Yeahhhhh !* »

Autant dire que nos deux loustics ont dégagé illico de la scène, sans demander leur reste. Cela dit, je ne pense pas que leurs intentions étaient mauvaises. Ils voulaient simplement se faire remarquer ou tenir un pari stupide.

Fred Godard, le réalisateur de l'émission reste toujours très attentif au moindre débordement. Il est le seul à décider s'il faut montrer l'imprévu ou le minimiser voire carrément l'occulter à l'image : « *Quelqu'un qui veut faire passer son message en oubliant les gens qui sont autour, il sabre l'émission. Celui-là, je ne le filme pas. Un autre qui se prend pour un caïd, comme à Grenoble, qui franchit la barrière et se retrouve devant Teddy Riner, ça m'intéresse de le montrer. C'est plus amusant qu'autre chose.* »

Pour revenir à la Bretagne, un acte de malveillance m'a rétroactivement donné quelques sueurs froides. À Dinan, quelqu'un a débranché un câble en pleine émission alors que nous papotions tranquillement avec Laam et Chantal Ladesou. D'un coup, plus d'électricité sur le plateau. Lumières, écrans de contrôles, caméras, tout avait disjoncté.

Dieu merci, exceptionnellement, nous avions décidé d'enregistrer ce Village Départ, compte tenu du départ très matinal des coureurs. Ce qui permettait aux spectateurs d'enchaîner le départ et l'émission dans la foulée. Avec le responsable de la production, Ludovic Rapin, nous avions beaucoup hésité à privilégier l'enregistrement. Bien nous en a pris. Vous imaginez les dégâts en direct. Noir à l'antenne, bandes annonces interminables à la place, fuite d'une partie des téléspectateurs vers d'autres chaînes. Une catastrophe.

Une fois le câble rebranché, nous avons donc repris le cours normal de notre discussion. Puis grâce au montage, personne n'a rien vu. Mais cela nous a servi de leçon. Ce genre d'incident n'est jamais à exclure et mieux vaut tout sécuriser. Depuis ce jour, un quart d'heure avant le début de l'émission, des personnes de notre équipe se postent devant chaque raccord électrique entre la zone technique et le plateau. Du gardiennage de prise de courant en somme.

Les mesures de sécurité sont essentielles pour une émission comme la nôtre. Nous sommes en direct, donc vulnérables. Parfois, ce sont les manifestants qui s'en mêlent. « *La présence des forces de l'ordre est dissuasive* », souligne Ludovic Rapin. « *Comme je le dis toujours, je veux des agents en uniforme autour du plateau. Pas des vigiles privés ou des bénévoles comme les premières années où on se retrouvait avec des types en tee-shirts Tour de France. Ça, ça ne marche pas.* »

Malgré cela, je n'échangerais le direct pour rien au monde. Le différé, comme le prompteur, est une sécurité castratrice qui ôterait toute saveur à une émission comme Village Départ. Et nous priverait de notre adrénaline quotidienne.

SIFFLETS

En 2013, un homme n'a pas bravé la tempête, mais la foule. Monty, auteur de l'hymne stéphanois « Allez les Verts », a en effet ouvert l'émission de Givors sous les sifflets. L'explication est simple. Givors est situé dans la région lyonnaise où tout le monde supporte l'OL, l'ennemi héréditaire de Saint-Étienne. Et gare à ceux qui osent se revendiquer du camp d'en face.

Dès que j'annonce la chanson à l'antenne, le public se met donc à huer copieusement le pauvre Monty que je félicite d'avoir été au bout de ce supplice.

Pour lui témoigner ma gratitude, je le réinvite l'année suivante, cette fois... à domicile où 2 000 spectateurs tout de vert vêtus l'acclament et chantent avec lui. Je peux vous dire que quand vous êtes au milieu du plateau avec la sono à fond et que vous assistez à une telle communion entre la foule et l'artiste, c'est très impressionnant.

« Allez ! Qui c'est les plus forts ?
Évidemment, c'est les verts
On a un bon public et les meilleurs supporters
On va gagner
Ça c'est juré. Allez... »

À l'époque, au début des années 70, Monty assistait à tous les matchs de Saint-Étienne à Geoffroy-Guichard : « *À chaque fois que j'y allais, les gens me demandaient de faire une chanson sur le club, mais je n'arrivais pas à trouver l'inspiration. Et puis un jour, alors que j'étais dans ma voiture à Paris, le texte m'est venu d'un coup. Je l'ai écrit en dix minutes, entre la porte Maillot et la place de l'Étoile. Ça tombait bien puisque nous étions à deux semaines de la finale de la Coupe d'Europe entre Saint-Étienne et le Bayern Munich. On en a vendu quatre millions au total. J'imagine que même des Lyonnais l'ont acheté.* »

L'un de ses nombreux disques d'or figure en bonne place dans le musée des Verts, le seul en France dédié à un club de football. Situé à l'intérieur du stade Geoffroy-Guichard, on y accède par des escaliers d'où retentit la célèbre chanson.

Revenons à Givors. En ce 14 juillet, Marion Bartoli, tout auréolée de sa victoire à Wimbledon, nous rend visite avant de partir suivre l'étape. Au cours de l'interview, elle a le malheur d'avouer sa passion pour l'Olympique de Marseille. À la seconde même où elle prononce le nom OM, les sifflets retentissent de partout. Qu'elle ait gagné Wimbledon n'a plus aucune importance dès lors qu'elle soutient un club rival.

En coulisse, Marion se fait prendre en photo avec Tatiana Golovin et moi. Photo qu'elle poste sur son compte Twitter avec un petit mot sympa : « *Vivement l'an prochain à Roland-Garros avec Laurent et Tatiana.* » Un mois plus tard, jour pour jour, la championne annonce en larmes la fin de sa carrière sportive. À 28 ans.

Que s'est-il passé dans sa tête pendant ce fameux mois estival ? C'est la question que se posent les journalistes et les joueurs, sidérés par cette nouvelle. Curieusement, son père Walter, le véritable instigateur de sa carrière, l'homme qui l'a accompagnée toute sa vie, n'était pas prévenu. Sa décision, elle l'a prise en secret, sans le concerter.

Dans Village Départ, André Manoukian évoque avec subtilité l'ambiguïté de la relation familiale dans un cas pareil : « *En musique aussi, il y a beaucoup de parents qui poussent leur enfant à jouer d'un instrument. Le père à la trique, qui est toujours derrière, Beethoven et Mozart ont connu cela. Il s'installe alors un sentiment d'amour et de haine entre les deux parties. L'enfant se dit : c'est grâce à lui que j'ai réussi, mais je lui en veux parce qu'il a volé mon enfance.* »

Lassée par le rythme infernal sur les courts du monde entier et par les blessures à répétition, Marion Bartoli avait tout simplement envie de vivre une vie normale. Après 22 ans d'efforts et le sacre pour lequel elle s'était battue, la championne a jugé qu'il était temps de tourner la page.

Une chose est sure, les réactions épidermiques du public sont rares. Évidemment, quand on écorche le nom d'une ville ou d'un produit, il faut s'attendre à une bordée de sifflets. Mais cela a le mérite de nous faire rectifier notre erreur immédiatement. Une Jeane Manson téméraire a osé dénoncer le scandale du foie gras à Samatan, dans LA capitale du foie gras. Je ne vous dis pas l'effet produit par cette envolée suicidaire. Sans démagogie, j'estime que ces réactions sont légitimes. Elles reflètent l'attachement des gens à leur région et à leurs traditions. En bon grenoblois, je serais mal placé pour m'en plaindre.

UNE PRODUCTION BIEN RODÉE

Le public qui souhaite assister au départ de l'étape peut rejoindre notre plateau très facilement, car celui-ci est installé dans un périmètre proche de celui des coureurs, au risque de nous retrouver dans un endroit peu glamour. Il nous est arrivé par exemple de faire l'émission sur un parking de Super U, déprimant à huit heures du matin, mais totalement festif à midi avec des centaines de personnes autour du plateau. La transformation du site est souvent bluffante grâce à l'effervescence du Tour de France. Notre chauffeur de salle Rémy Guilloton confirme :

« *C'est arrivé une ou deux fois que notre plateau soit enclavé au milieu d'une petite place, loin des festivités du Tour. Le direct approchant, je commençais à m'inquiéter de voir si peu de monde autour des barrières.*

N'ayant pas d'autres solutions, j'ai pris avec moi un mégaphone et me suis dirigé vers un muret, assez haut pour que la foule m'entende.

Après mon annonce tonitruante, une foule immense s'est dirigée en masse vers la petite place ou nous nous trouvions, à quelques minutes de la prise d'antenne.

Je prenais conscience de la popularité de notre émission. »

Cela dit, la plupart du temps, les villes et les organisateurs du Tour, Yannick Goasduff en tête, nous assurent les meilleurs emplacements pour le confort des spectateurs.

Je n'oublierai jamais les lieux magnifiques comme le parvis du Château de Versailles, la place du casino de Monaco, Trafalgar Square à Londres que nous avions privatisé pour l'occasion, la plage du Cap d'Agde, les arènes de Nîmes où j'ai ouvert l'émission, perché tout en haut avec Jonathan Lambert, le château de Chambord et de multiples communes pleines de charme comme Obernai, Colmar, Saint-Malo et tant d'autres.

Les repérages entre mars et mai sont orchestrés par le responsable de la production Ludovic Rapin, l'un des historiques de Village Départ : « *Pour repérer les lieux, je me suis rendu compte qu'il valait mieux éviter les périodes de vacances scolaires à Pâques. Dans les mairies, il n'y a quasiment personne.* »

Ludo connaît parfaitement tous les rouages de l'émission, évitant le moindre écueil qui pourrait nuire à ses équipes. Quand je lui demande l'impossible, il trouve toujours une solution.

Jean-Luc Lahaye arrive sur le plateau avec 30 motards ! Pas de problème. J'aimerais commencer du haut de cette nacelle de 20 mètres de haut avec Candeloro ! Pas de problème.

Il faut rapatrier de Belgique en Auvergne un piano très particulier pour Gilbert Montagné ! Pas de problème.

En dix ans, il en a vu de toutes les couleurs, de rencontres surprenantes en imprévus risibles :

« À Londres en 2007, nous avions choisi de tourner dans les jardins de Buckingham une séquence avec les "Rabeats", un groupe picard entièrement dévoué au répertoire des Beatles. Nous pouvions installer nos caméras, à la seule condition de ne pas abîmer les branches des arbres classés monuments historiques. Le jardinier en chef de la reine surveillait notre installation en nous disant : "Je vous préviens, s'il y a un de vos camions qui frôle une branche, vous dégagez !" À propos de camions, à Dinan, je m'aperçois que le seul endroit où l'on pouvait les garer facilement, c'était au pied de l'église qui, du coup, serait complètement bloquée. Je vais donc voir le curé de la paroisse pour m'assurer que cela ne posait pas de problème. Il me dit : "Ne vous inquiétez pas, Monsieur Rapin, il n'y aura pas de mariage ce jour-là, vous aurez tout le parvis pour vous." Sauf qu'en plein démontage après l'émission, dans un immense désordre, on voit arriver un corbillard. On avait pensé aux mariages, mais pas aux enterrements. »

Les scènes cocasses surviennent aussi avec les artistes. À Saint-Gildas des Bois, en Bretagne, nous tournons l'émission dans un couvent ouvert au public. Deux adorables nonnes d'un certain âge ont accepté de participer à notre concours de cuisine et de confectionner avec Carinne Teyssandier des galettes bretonnes. Pour la partie variétés, le groupe Collectif Métissé, grand collectionneur de tubes d'été, est accompagné ce jour-là de jeunes danseuses très très court vêtues. Des filles assez libérées dirions-nous avec minijupes en sky rose-fuchsia et talons compensés. En toute décontraction, elles n'ont pas hésité à se déshabiller entièrement afin d'enfiler leur tenue. Tout cela devant nos bonnes sœurs pas vraiment rompues à ce genre de situation. Au moins, on ne pouvait pas se tromper de danseuses.

Sœur Claire, 88 ans, et Sœur Marie-Rose, 84 ans, étaient tellement angoissées à l'idée de rater la recette qu'elles n'en ont pas dormi de la nuit. À l'antenne, je m'aperçois rapidement qu'elles sont, certes, attendrissantes, mais dotées d'un fort caractère :

« – C'est la première fois que vous passez à la télé ma sœur ?

– Oui et la dernière aussi.

– Vous allez bien nous faire sauter ces crêpes ?

– Non ce n'est pas dans mes habitudes.

– Allez ma sœur, juste une petite !

– Non, non et non. J'ai dit non ! Les galettes, on ne les fait pas sauter. »

Je me fais engueuler comme un gamin, mais l'échange entre nous est irrésistible. Les nonnes ont le show, s'amusent comme des gamines puis trinquent avec nous après l'émission, ravies de cette parenthèse Tour de France si éloignée de leur quotidien.

Durant les premières années de Village Départ, nous proposions une séquence animalière assez compliquée à mettre en place. Crocodiles, aigles, autruches arrivaient généralement deux heures avant l'antenne pour s'installer et s'acclimater en nous regardant un peu de travers. Ces animaux qui vivent habituellement dans des parcs ou des zoos où il n'y a pas beaucoup de bruits se retrouvent subitement entourés d'un millier de personnes dans une ambiance de fête. Le choc est parfois brutal.

À Vittel, le pauvre Patrick Juvet a fait les frais de la mauvaise humeur d'un lama qui lui a allègrement craché dessus. Vraisemblablement, sa tête ne lui revenait pas. Un moment pénible, car la déjection a une vague odeur de vomi et l'apparence d'un jus verdâtre. Pourtant, cet animal crache rarement sur des êtres humains et uniquement s'il est très irrité. Qu'il l'ait fait sur l'un des chanteurs les plus gentils qu'il soit est assez surprenant.

À Lannemezan dans les Hautes-Pyrénées, nous attendions impatiemment des chameaux. Je ne sais plus du reste comment nous avions réussi à dénicher cette espèce rare dans cette région. Bref, le temps passe et une demi-heure avant l'émission, toujours pas de chameaux en vue. Ludovic Rapin reçoit alors un coup de fil d'une dame complètement affolée qui n'est autre que la propriétaire des chameaux : « *On est désolé, on ne pourra pas venir, les chameaux sont en panne sur l'autoroute.* » Malgré ce contretemps, une irrésistible envie de rire nous gagne en songeant à la caravane de chameaux, bloquée sur une aire Total envahie de monde. On était bien loin de Lawrence d'Arabie.

Nous avons fait venir à Cambo-les-Bains une truie avec ses petits. Ludovic s'en souvient : « *Les gens de la ville nous avaient aimablement mis à disposition leur superbe terrain de rugby pour faire l'émission. La pelouse était magnifique. Elle ressemblait à un golf anglais. Nous y avons installé notre plateau, les caméras et un enclos pour les cochons. Ce que nous ignorions, c'est que ces bêtes-là cherchent le frais en plein été et que pour y parvenir, ils creusent la terre de 50 centimètres. Après l'émission, au moment de démonter, tout était nickel mis à part un carré de 2 mètres sur 2 complètement ravagé en plein milieu du beau terrain de rugby. Nous sommes partis en courant, sans nous attarder. Pardon encore Cambo-les-Bains.* »

Parfois les animaux nous accompagnent jusque dans nos chambres d'hôtel. Je me souviens à ce propos d'une invasion de coccinelles aux Sables-d'Olonne en 2011. Pas de quoi frémir, mais c'était assez désagréable tout de même. Il y en avait partout dans les lits. Le soir au restaurant, on les retrouvait dans nos assiettes, mais personne autour de nous n'était en mesure de nous fournir une explication. Renseignements pris, j'en informe le lendemain nos téléspectateurs ainsi que le public vendéen victime de cette invasion. À l'origine, ce sont les horticulteurs et les pépiniéristes qui utilisent des larves de coccinelles asiatiques pour combattre les pucerons, préférant ce moyen naturel aux produits toxiques. Une décision louable, mais qui a donc provoqué à l'éclosion des larves ce gigantesque nuage de coccinelles. Apparemment, le phénomène s'est reproduit plus tard dans d'autres régions de France.

Mis à part ces mésaventures anecdotiques, il n'y a jamais eu de gros problèmes en dix ans. Pas de vandalisme, à l'exception d'un vol de chaises de plateau à Agde. C'étaient des tabourets en fer, très lourds, que notre camion avait déchargés le matin comme d'habitude en montant le décor. Au moment de la répétition, impossible de les retrouver. On n'a jamais su qui les avait volées et comment. Mystère. Parfois, les incidents interviennent quand on s'y attend le moins. « *À Épernay en pleine nuit, je suis réveillé par mon équipe qui s'occupe du transfert des camions* », raconte Ludovic. « *Les gars me demandent de venir en vitesse, car la zone technique prend feu. En effet, la veille dans le camion-cantine, les responsables avaient oublié d'éteindre la friteuse et tout était en train de cramer. Les agents de sécurité, qui ont vu la fumée s'échapper, ont pu intervenir à temps, mais on a frôlé la catastrophe, car la place était toute petite et tous les camions étaient proches les uns des autres.* »

Pendant ces trois semaines de Tour de France, la moindre négligence peut prendre des proportions considérables. J'en profite pour saluer le travail et l'état d'esprit des 75 personnes de notre équipe. Chez nous, tout le monde met la main à la pâte. Certains cumulent même plusieurs fonctions : techniciens, chauffeurs, régisseurs. Ils montent le décor, font des courses, assurent la sécurité, tout en étant réactifs en cas de pépin. Ce groupe exceptionnel mérite un grand coup de chapeau. L'aspect humain est aussi important que l'aspect professionnel dans cette aventure. Se lever à six heures du matin, parcourir 4 000 kilomètres en trois semaines et réaliser une vingtaine d'émissions en direct, cela demande beaucoup de sérieux. On ne peut pas se permettre d'avoir la moindre brebis galeuse. Une ou deux personnes qui n'avaient pas compris cela sont rentrées à Paris plus tôt que prévu.

LA RÉALISATION

Avec des moyens limités, la réalisation de Village Départ relève souvent du miracle. Nous disposons de cinq caméras seulement pour filmer quatre lieux différents (scène variétés, cuisine, défis et talk). C'est très peu pour cinquante minutes d'émission. « *La force dans notre groupe, ce n'est pas la technique, mais les gens qui fabriquent l'émission* », confirme Fred Godard.

Une demi-heure avant la prise d'antenne, notre réalisateur vient prendre la température au milieu de ses caméras. Il a besoin de ce ressenti indispensable avant le direct : « *Chaque jour, l'ambiance est différente. En général, je m'installe sur le plateau entre 12 h 20 et 12 h 30. Pendant ces minutes précieuses, je m'approprie l'espace, je capte le regard des gens ou le sourire d'un enfant par exemple. Je sais ce que je vais pouvoir montrer ou ne pas montrer à l'image. Ce qu'on vend, c'est ce que l'on voit. Il faut le ressentir quand on est derrière la caméra, dans le car régie ou au son. Car les téléspectateurs doivent eux aussi être impliqués et partager notre bonheur. Je ne suis pas là pour me faire plaisir, mais pour faire voyager les gens qui sont là et ceux qui nous regardent. Quand je filme l'équipe de France de rugby ou le tournoi de Roland-Garros, j'essaie de magnifier un spectacle qui m'est imposé par les sportifs. Là, ça n'a rien à voir. Je filme la vie tout simplement, sans tricher. Sans tabous ni interdits.* »

Cette fête populaire, Fred la percevait déjà quand il était gosse à travers la radio. L'été, il aidait son père pour les travaux de la maison en suivant les étapes du Tour de France sur RTL. Avec sa mère, dans la cuisine, il écoutait les chanteurs qu'aujourd'hui il met en lumière : « *C'est inimaginable le bonheur que cela me procure. "Mon vieux" de Daniel Guichard, je le passais en boucle à l'époque. Ça m'a vraiment ému quand il est venu nous voir à Carcassonne. Il a déjeuné avec nous à la cantine, fait des photos avec moi. J'avais l'impression de retrouver mon enfance. Quand il a interprété "Le gitan", je connaissais les paroles par cœur. Il l'a chantée avec une sincérité incroyable, comme au premier jour. Autour de lui, des gitans l'écoutaient la larme à l'œil. J'étais vraiment dans le partage avec eux et avec Guichard. Quand j'avais vingt ans, j'étais batteur dans un groupe de mon village. On faisait tous les bals de la région en jouant les titres de Capdevielle ou du Grand orchestre du Splendid. À ce propos, la chanson que j'ai le mieux filmée dans Village Départ, c'est "La salsa du démon" à Tours. J'étais en osmose totale avec eux. Les trois chanteurs du Splendid se sont baladés partout sur le plateau, mais je devançais tout ce qu'ils allaient faire comme si la caméra était télécommandée. Peu importe où ils allaient, je mettais le bon plan à l'écran. Je n'avais jamais vécu cela et je pense que jamais je ne ferai mieux.* »

Il est vrai que dans notre émission, les artistes sont en totale liberté sur le plateau. Nombreux sont ceux qui quittent la scène pour s'approcher de leurs fans et les faire chanter avec eux. Avec toutes les contraintes que cela exige pour le réalisateur : « *Les gens ne s'en rendent pas compte, mais filmer les chanteurs en plein jour, c'est quatre fois plus difficile qu'en studio. Si l'on ne fait pas attention, on voit tous les défauts. Je surveille les gros plans, les fonds et j'en tiens compte dans ma façon de les montrer. La même émission de nuit n'aurait rien à voir en termes d'image.* »

Avec Fred Godard, nous partageons depuis toujours la même voiture pour rejoindre la ville suivante. Durant le trajet, nous débriefons l'émission sans nous épargner la moindre remarque quand l'un de nous n'a pas été bon. Chacun y met les formes, attend le bon moment et le message passe. Notre amitié qui dure depuis quinze ans est précieuse. À l'antenne, je sais exactement comment il va réagir, s'il va râler ou s'éclater. J'imagine que la réciprocité est vraie. Lorsque l'un de nous deux s'emporte, l'autre le calme, même s'il partage son courroux. Parfois, je temporise quelques secondes avant de lancer une variété pour qu'il puisse replacer ses caméras. Sa scripte Pascale Bocquel est une aide précieuse. Grâce à mon oreillette, en deux ou trois mots et au ton de sa voix, je perçois ce qui se passe en régie. Village Départ est une gymnastique permanente. Chacun est sur le fil du rasoir afin d'enchaîner au mieux la quinzaine de séquences de l'émission. Mais quel bonheur d'être en direct, je ne le répéterai jamais assez.

En dix ans, nous n'avons jamais connu avec Fred la moindre engueulade. C'est assez rare dans ce métier pour le signaler.

LA PROGRAMMATION

D'une vingtaine d'invités en 2005, nous sommes passés à plus d'une centaine aujourd'hui. La programmation de Village Départ représente désormais un travail considérable, entamé dès le mois de mars par le maître en la matière : Thierry Colby. Son calme et sa bonhomie sont des atouts indispensables dans ce genre d'exercice. Thierry sait également s'entourer de collaborateurs précieux : Kevin Knepper, puis Alice Sirera. En mai et juin, nous nous appelons tous les jours pour affiner et harmoniser la programmation, pour gérer les reports, les contretemps et les requêtes des maisons de disque. Une tâche pas toujours évidente compte tenu de tous les aléas que nous rencontrons.

DÉSISTEMENTS FÂCHEUX

Quand on invite autant d'artistes en trois semaines, on s'attend forcément à quelques désistements de dernière minute. Rien d'anormal, mais cela reste un cauchemar pour nos programmateurs. Car trouver un remplaçant au pied levé pour venir à l'autre bout de la France, le lendemain, relève véritablement de l'exploit. Un bon carnet d'adresses est nécessaire ainsi qu'une bonne dose de sang-froid.

Pour la première émission de l'édition 2012 à Liège, c'est Bernard Tapie qui devait être l'invité d'honneur en compagnie de Thomas Dutronc et des Gibson Brothers avec leur tube mondial « Cuba ». Un beau casting qui va vite tourner au vinaigre. En effet, 48 heures plus tôt, l'ancien président de l'OM se décommande. Mais à sa façon. Quand « Monsieur Tapie » annule sa participation, il n'appelle pas les programmateurs comme tout le monde, il appelle directement le Président de France Télévisions. Je reçois donc l'information par les services de Rémy Pflimlin. Une première. C'est finalement Pascal Légitimus qui inaugurera à sa place cette nouvelle saison de Village Départ.

Autre annulation mémorable : celle de Roberto Alagnia, la veille de sa venue sur notre plateau à Salies-de-Béarn. Aucune raison n'est invoquée par son entourage si ce n'est que la voix du maître doit être ménagée. Le ténor franco-italien se produit en effet le lendemain à Bayonne. Hors de question donc qu'il fasse l'émission, même sans chanter, en assurant uniquement la partie interview. Un peu léger. Notre programmateur Thierry Colby demande des explications à son manager qui le prend de haut : « *Mais Monsieur, je m'en fous. J'ai un concert à assurer avec mon artiste. Ça m'est complètement égal. C'est votre problème.* »

Voilà ce qu'on appelle un comportement très professionnel...

Enfin, je ne résiste pas à vous parler de Stromae. Nous l'avions invité une première fois à Wanze, chez lui, en Belgique. Simple, accessible, il vient alors de connaître un joli succès avec « Alors on danse », qu'il interprète ce jour-là en ouverture de l'émission. Son talent et sa personnalité singulière se démarquent sensiblement des autres. Mais j'avoue qu'à l'époque, je n'aurais pas imaginé un instant qu'il deviendrait si vite un tel phénomène.

Deux personnes de son entourage ont cru en lui dès le départ. Jedi d'abord, un pote d'internat qui lui a appris à écrire le rap et à respecter le rythme et les syllabes de ce genre musical. Puis une certaine Julie, l'une des animatrices phares de NRJ Bruxelles. Lorsque Stromae, au look déjà atypique, effectue un stage dans cette radio comme ingénieur du son, Julie tombe sous le charme de sa musique. Elle convainc alors Vincent Verbelen, music manager de la radio d'écouter la première maquette d'« Alors on danse » et de la programmer en boucle sur son antenne. C'est ce qu'on appelle le flair. Vincent Verbelen lui demande toutefois d'accélérer un peu le morceau et de changer l'intro. La suite, on la connaît.

Un an après sa venue dans Village Départ, alors qu'il n'est pas encore la star internationale que l'on connaît, je décide de le réinviter, cette fois dans la Drôme, à Saint-Paul-Trois-Châteaux. La veille (maudites veilles d'annulations), Thibaut Gerhardt, son formidable manager chez Mercury, avec lequel nous avons beaucoup travaillé, appelle en urgence mon programmateur : « *Thierry, on a un problème. Stromae ne va pas bien. Il ne pourra pas faire l'émission demain.* »

Le chanteur vient de se produire aux Francofolies de La Rochelle. Il est, semble-t-il, très fatigué. Thierry comprend surtout qu'il y a de l'eau dans le gaz avec sa compagne du moment et qu'il n'a pas du tout envie de prendre l'avion pour faire une télé. Un fâcheux coup de déprime qui va nous plonger dans une galère inimaginable. J'étais évidemment très remonté contre lui ce jour-là, mais, ne riez pas, je ne lui en veux plus du tout.

Reste que ce fameux dimanche après-midi, on appelle la terre entière pour lui trouver un remplaçant. Sans exagérer, on passe des dizaines de coups de fil sur la route durant les cinq heures de bouchons que l'on subit pour gagner la Drôme. Fabien Lecoeuvre se joint à nous et contacte toutes ses relations, des artistes des années 60, 70 et 80. Tout le monde y passe. On compose même des numéros qui ne sont plus valables. Entre ceux qui ne peuvent pas, qui ne veulent pas ou qui ne rappellent pas, chaque tentative tourne au fiasco. Le fait d'être un dimanche, en plein chassé-croisé des vacances et dans un endroit un peu reculé a eu raison de nous. On arrive épuisés et dépités à l'hôtel où nous attend à table, en train de prendre l'apéro, Keen'v, le seul chanteur de l'émission du lendemain. Son premier succès « J'aimerais trop » est l'un des tubes de l'été. Pauvre Keen'v qui a dû se dire : « *Je vais passer ma soirée avec des dépressifs.* »

Vers 22 heures, miracle. Nous recevons un appel du « *géant de papier* » à qui nous avions l'un de nos innombrables messages. Incroyable ! Jean-Jacques Lafon, l'interprète inoubliable de ce standard vendu à un million d'exemplaires, nous rappelle entre la poire et le fromage. Le coup de fil vient de loin. Jean-Jacques habite en région parisienne. Quand bien même, il accepte de prendre sa voiture personnelle et de rouler toute la nuit pour chanter en direct à 13 heures. 600 kilomètres de route sans dormir pour nous dépanner, cela mérite un grand coup de chapeau et des remerciements infinis.

DÉRAPAGES

Sur près de 500 artistes que j'ai reçus, je n'en compte même pas une dizaine qui nous ont laissés un souvenir mitigé.

Passons d'abord sur Philippe Lavil, assez désagréable en interview et refusant de chanter ses tubes, mis à part quelques notes à la guitare. « *À sa décharge* témoigne Thierry Colby, *il devait venir de Paris à Pau en avion. Malheureusement pour lui, une grève d'Air France s'est déclenchée ce jour-là et il a dû se farcir dix heures de train en échange. Cerise sur le gâteau, une centaine de kilomètres en voiture l'attendait encore à Pau pour rejoindre notre hôtel, situé à Salies-de-Béarn. C'est vrai qu'en arrivant il n'était pas très aimable. En attendant, il n'a pas annulé sa venue.* »

Le seul véritable clash, qui du reste ne s'est quasiment pas vu à l'antenne, concerne Nolwenn Leroy à Castres en 2013. Nous nous étions rencontrés quelques semaines plus tôt à Roland-Garros avec son compagnon, le capitaine de l'équipe de France de tennis Arnaud Clément. La chanteuse bretonne m'avait confié qu'elle était ravie de participer à l'émission et d'interpréter deux titres de son cinquième album « Ô filles de l'eau ». Moi-même, j'étais très heureux de l'accueillir pour la première fois.

Tout se passait à merveille lors de ce fameux Village Départ. Jusqu'au moment où j'ai le malheur de lui poser une question sur les malheurs de sa consœur Jenifer, suite à la sortie de son album de reprises des tubes de France Gall. Une polémique sans précédent qui a contraint une Jenifer dépressive à annuler toute sa promo télé, dont sa participation programmée dans Village Départ. France Gall venait en effet de torpiller son initiative dans tous les médias et ma question semblait opportune. Nolwenn n'avait-elle pas triomphé elle-même avec son précédent album « Bretonne » qui comptait de nombreuses reprises de chants traditionnels ?

« - *Mais ça n'a rien à voir. Mon album était légitime. Je suis née en Bretagne, j'ai toujours aimé ces chansons qui font partie de mes souvenirs d'enfance. Et il n'y a pas que des chansons traditionnelles dans l'album.-*

- Alan Stivell ne vous en a pas voulu ?

- Mais moi, je suis amie avec Alan Stivell !

- France Gall, elle, en a voulu à Jenifer...

- Mais je ne vois pas le rapport entre les deux projets. »

Puis Fabien Lecoeuvre en rajoute une couche :

« - *De toute façon, les chansons sont faites pour être reprises !*

- Ce ne sont pas des reprises. Ces chansons traditionnelles font partie du folklore et appartiennent à tout le monde. Une chanson comme "Tri martolod" a été chantée par plusieurs artistes. C'est incomparable. Je ne vois pas pourquoi vous me posez la question d'ailleurs », conclut-elle assez sèchement.

Certes, connaissant les relations houleuses entre les deux ex-gagnantes de « Star Academy », j'aurais mieux fait de m'abstenir. Ma question était peut-être maladroite, mais pertinente et malgré tout dénuée d'agressivité. À la fin de la discussion, je lance le sympathique Mickaël Miro qui interprète sur scène son dernier titre.

La chanteuse quitte alors le plateau, furieuse, pour ne plus y revenir. À part les fans inconditionnels de Nolwenn qui ont tout de suite compris le malaise, personne n'a rien remarqué. Et cette émission reste à ce jour notre record d'audience avec plus de deux millions de téléspectateurs. Mais l'histoire ne s'arrête pas là.

Une scène surréaliste s'est produite juste après avoir rendu l'antenne. Après la traditionnelle séance de photos et autographes, je retourne dans mon bureau au calme, suivi par une trentaine de jeunes castrais déchaînés. Devant les fenêtres de mon bureau, ils se mettent à scander mon nom sans s'arrêter pendant une bonne demi-heure : « *Laurent Luyat, c'est le meilleur, etc.* »

Sans fausse modestie, j'avoue en avoir été presque gêné. Pendant ce temps, Nolwenn est enfermée dans la loge maquillage juste à côté, encore ulcérée par ma question en plateau et me maudissant par tous les diables. Imaginez la scène et le contraste saisissant entre la colère de l'une et le témoignage chaleureux et tonitruant des autres. J'ai très envie d'aller voir Nolwenn pour que, sans m'excuser, je lui fasse part de mon désarroi face à cette situation. « *Impossible* », me conseille Thibaut Gerhardt son attaché de presse, « *elle est trop énervée.* »

Tout cela me paraît prendre des proportions incroyables pour un fait bien dérisoire par rapport à d'autres problèmes beaucoup plus graves dans notre société. « *Sa réaction était un peu violente. Même sa maison de disque en a convenu », ajoute Thierry Colby. « Je l'ai revu quelques semaines plus tard, j'étais un peu angoissé, mais elle m'a semblé avoir tout oublié.* »

J'espère en effet qu'elle aura effacé ce mauvais souvenir de sa mémoire. Cette artiste de talent est toujours la bienvenue dans l'émission.

Autre cas d'espèce : Olivier de Kersauson. L'exemple même du « foutage de gueule ». Je l'avais tout naturellement invité à Brest pour le coup d'envoi du Tour 2008 en compagnie d'Hugues

Aufray et de Line Renaud qui venait de fêter ses 80 ans. Dès l'arrivée du marin sur le plateau, Hugues lui témoigne sa gratitude, se réjouissant de partager l'affiche avec lui. Kersauson s'exclame alors : « *Je suis bien gentil d'avoir accepté de venir dans une émission du troisième âge.* »

Sympa pour Hugues Aufray et Line Renaud. D'autant qu'à 64 ans, Kersauson n'était pas un perdreau de l'année. Puis tranquillement, il fait la promotion du festival maritime « Brest 2008 » qu'il parraine. Je diffuse même des images pour illustrer son propos. Une fois sa promo terminée, il m'explique qu'il s'emmerde royalement et qu'il va nous quitter. Comme cela. En pleine émission. Autant vous dire qu'il n'a plus jamais remis les pieds chez nous.

Dans la série des « désagréables », citons également Isabelle Mergault qui a passablement énervé Thierry Colby qui s'était chargé de sa venue sur le plateau en région parisienne : « *Elle faisait la gueule. Elle s'était imaginé qu'on avait des moyens colossaux et qu'on allait lui envoyer une limousine pour l'emmener sur le plateau. Or, j'ai envoyé un chauffeur qui est allé la prendre à son domicile avant de récupérer ensuite notre autre invité Thierry Roland. Tous deux se connaissaient très bien puisqu'ils avaient participé ensemble aux "Grosses têtes" de RTL. Eh bien, elle l'a très mal pris. Pour elle, partager une voiture était un manque de considération. En arrivant, elle s'est enfermée dans la loge, sans en sortir avant le générique de l'émission.* »

Caprice d'artiste. Cependant, je reconnais qu'elle a été charmante durant le direct. Elle a fait le show avec un grand sourire. Après tout, c'est bien le plus important.

Rémi Gaillard, c'est l'inverse. L'humoriste montpelliérain, connu pour ses impostures sur le net est un garçon très sympathique en coulisses, passionné de sport au demeurant, mais assez insupportable devant les caméras. Il ne répond pas aux questions, change de sujet sans qu'on lui demande. Rémi nous fait bien comprendre qu'il est un sale gosse à l'antenne comme dans ses vidéos. Sans limites. Sur le plateau, un maître-artisan nous a installé une superbe fontaine de chocolat. Une véritable œuvre d'art constituée de cacao haut de gamme dans lequel notre trublion plonge ses grosses mains pour m'en asperger la chemise et s'en mettre partout sur le visage. Une gaminerie qui n'a pas faire rire grand monde. Dans Village Départ, on déteste jouer avec la nourriture, ne serait-ce que par respect pour ceux qui nous l'apporte et qui en vivent. Même Patrick Sébastien, l'autre invité de l'émission, fait grise mine devant ce spectacle un peu dégradant.

En dehors de cela, Rémi Gaillard a des idées lumineuses et un culot monstre. Souvenez-vous de son tour d'honneur en finale de la Coupe de France de football, déguisé en joueur de Lorient et serrant la main du président Jacques Chirac. Ou du jour où il s'est introduit sur un court de tennis lors d'un match exhibition entre Yannick Noah et Henri Leconte : « *Je me suis régalé. Je leur ai même mis une amortie gagnante. Mais j'ai compris qu'il fallait vite que je m'en aille. L'ancien vainqueur de Roland-Garros l'a très mal pris, d'après ce que l'on m'a dit.* »

Contrairement à Patrick Sébastien, Rémi a bénéficié du support d'Internet pour propager ses canulars. Un atout dont il a parfaitement conscience, mais que n'apprécie pas forcément l'animateur du « Plus grand cabaret du monde » : « *C'est un atout oui et non. Par exemple, ce serait impossible de refaire une émission comme "Le grand bluff"* (qui est encore à ce jour le divertissement le plus regardé dans l'histoire de la télévision avec plus de 17 millions de téléspectateurs ndla). *On a tourné pendant deux mois sans que personne ne le sache. Aujourd'hui, si je piège quelqu'un, cinq minutes après c'est sur le net.* »

Comme quoi, chaque génération a ses avantages et ses inconvénients.

N'en déplaise aux partisans du fameux : « C'était mieux avant ».

En guise de conclusion, Rémi pose à Patrick une dernière question :

« – *Tu as un point commun avec Lance Armstrong. Tu sais lequel ?*

– *Non, dis-moi !*

– *Tu n'as jamais gagné le Tour de France.* »

Le sale gosse est aussi capable de bonnes vannes.

ANTIPODES

En général, j'adore les rencontres improbables dans Village Départ. Lorsque des personnalités qui n'ont absolument rien en commun se côtoient sur notre plateau.

Bien sûr, le travail en amont est important pour que le mélange des genres fonctionne. Les artistes étant très soucieux de leur image, on ne peut pas les associer à d'autres n'importe comment. La concertation est donc indispensable entre programmateurs, managers et moi.

Un dérapage est en effet vite arrivé. Je me souviens du rappeur Lord Kossiti qui, avec malice, interrogea Laurent Jalabert pour savoir s'il s'était dopé dans sa carrière. « *Et toi, tu paies tes impôts* », lui répond Jaja. Inutile de vous dire que la fin de l'émission a été très tendue entre les deux hommes.

À Tomblaine, tout près de Nancy, nous avons tenté le pari de réunir l'idole des mamies Franck Michael et l'idole des ados Kev Adams. Avec en prime Jean-Roch le roi des nuits tropéziennes. Un trio de choc.

L'émission a tenu toutes ses promesses, dans une ambiance de corrida. Kev Adams, déchaîné, n'a cessé de chauffer le public en hurlant « *Tomblaine* » toutes les dix secondes. Ce garçon est assez incontrôlable, mais il fait le spectacle. Au moment d'interpréter sur scène « Toutes les femmes sont belles », Franck Michael le voit débarquer à l'improviste, avec Jean-Roch pour l'accompagner en dansant. J'imagine alors son angoisse avec ces deux lascars derrière lui, capables de tout. Mais notre Julio Iglesias français est resté imperturbable. Une séquence irrésistible.

En revanche, juste avant l'émission, un sérieux incident s'est produit par notre faute dans le village même du Tour. Thierry Colby avait proposé à Kev Adams de faire la visite du village accompagné par le Lorax, ce gros personnage orange et moustachu, héros du film d'animation américain qui sortait à ce moment-là, et dont Kev faisait la voix française. En les voyant, les responsables du Tour leur sont tombés dessus et leur ont passé un savon mémorable :

« - *Vous n'avez pas d'autorisation pour faire entrer ce personnage !*

- *Mais il y en a beaucoup d'autres qui viennent ici,* répond Colby.

- *Mais ces gens-là paient pour être là et vous, vous vous offrez une publicité gratuite.* »

Évidemment, nous étions en tort. Mais nous avons péché par omission, en oubliant que tout est parfaitement réglementé sur le

Tour, jusque dans les moindres détails. L'attitude d'ASO est compréhensible, par respect pour la cinquantaine de marques qui paient leur accès au village. Autant vous dire que l'incident ne s'est plus jamais reproduit.

PLAY-BACK

Combien de fois ai-je lu ou entendu de la part des mauvaises langues : « *Dans Village Départ, les chanteurs se produisent tous en play-back.* ». Absurde.

Il faut d'abord savoir qu'il est quasiment impossible dans une émission itinérante comme la nôtre, en plein air, en public et en pleine manifestation sportive de faire venir un artiste avec tout son orchestre. Cela coûterait beaucoup trop cher en frais de déplacement et serait trop compliqué en termes de logistique.

Ce qui n'empêche pas les chanteurs qui le souhaitent, comme Christophe Maé ou Indila, d'être en direct intégral, en guitare-voix avec une ou deux personnes pour les accompagner.

La seule vraie complication en dix ans a pour nom Les Stranglers, invités l'an dernier à York en Angleterre. En effet, ce groupe mythique des années 70-80 refuse systématiquement de se produire avec une bande-son à la télévision. Pour le faire venir, il faut donc accepter ses conditions, à savoir du live complet et tout un arsenal technique.

Ce dimanche matin, dès l'aube, en plein milieu de l'hippodrome de York, nos équipes montent le plateau sous la pluie. Le directeur de la production Ludovic Rapin est présent pour accueillir les Stranglers : « *Quand j'ai vu arriver un bus de tournée immense avec deux camions qui suivaient derrière, je me suis dit que tout ce matériel n'allait jamais rentrer. Finalement, au chausse-pied, on est parvenu à tout installer.* »

C'est à ce moment-là que le manager du groupe nous informe qu'il est hors de question que Jean-Jacques Burnel et ses amis chantent sous la pluie, malgré le toit qui recouvre la scène. Une nouvelle angoisse gagne peu à peu toute l'équipe. Dieu merci, la pluie s'arrête une demi-heure avant le générique de l'émission. Et la magie opère dès les premières notes d'« Always the sun ». Tout le monde a des frissons sur le plateau. Mais après deux chansons, la course contre la montre continue. En plein direct, il faut enlever tout le matériel des Stranglers pour laisser la place aux autres invités du jour, Les Rubettes, qui eux chantent... en play-back. Heureusement !

Je vous vois venir, vous allez me dire que c'est la preuve qu'il y a bien du play-back dans Village Départ !

Certes. Mais la plupart des artistes choisissent ce que l'on appelle le PBO, le play-back orchestre. Ils chantent réellement, mais sur une bande orchestre. C'est la solution idéale que je préconise dans la plupart des cas. L'artiste ne triche pas, c'est bien sa voix en direct sur la musique. Aujourd'hui, le public ne s'y trompe pas. Il repère immédiatement le play-back complet. Et le rejette.

L'an dernier, 75 % des chanteurs étaient en PBO ou en live intégral. Seuls quelques-uns ont opté pour le play-back total. Par souci de sécurité et pour se rassurer, ce qui peut se comprendre. Mais ils sont de moins en moins nombreux.

On est donc très loin des médisances de certains.

J'ai calculé que sur environ 350 chansons diffusées dans l'émission en dix ans, nous avons connu deux ratés seulement à cause du play-back.

L'an dernier, c'est le medley de « Stars 80 » (composé de six gros succès) qui est parti en plein milieu du titre. Les deux chanteurs de « Début de soirée » qui étaient prévus à ce moment-là déboulent sur scène à toute vitesse pour rattraper le coup. Mais le mal est fait. J'interviens immédiatement pour ne pas les laisser dans cette galère : « *Petit problème. Ça arrive. C'est du direct, alors quand on a un petit souci, on demande au public de nous encourager. La régie, vous me dîtes si c'est prêt. On fait comme si rien ne s'était passé et on repart.* »

Sous les acclamations du public de Saint-Gaudens, Émile et Images, Jean-Pierre Mader et compagnie, ont donc enchaîné normalement avec tous leurs tubes. Ouf ! L'orage est passé.

L'autre incident s'est déroulé avec David Hallyday, à Cambrai dans le Nord, le 7 juillet 2010. La venue du fils de Johnny et Sylvie a provoqué ce jour-là une véritable émeute. Tout le monde voulait l'approcher, l'embrasser, le toucher, à tel point qu'on a dû réclamer des policiers supplémentaires pour assurer sa sécurité.

Dès le début de l'émission, l'angoisse s'empare de nous. L'intro de sa nouvelle chanson « Le cœur qui boîte », qu'il était venu défendre, ne démarre pas. Dieu merci, la bande-son se recale quelques secondes plus tard à l'endroit où le chanteur doit attaquer le premier couplet en play-back. « *J'avais bien raison de commencer en contre-plongée et en plan large* », se souvient Fred Godard. « *À l'antenne, on n'a absolument rien vu. De toute façon, je ne démarre jamais par un gros plan. C'est pour cela que je déteste le play-back complet même si je peux comprendre la volonté de certains artistes de l'utiliser. Quand ils sont en live, au moindre problème, on peut reprendre. Là, c'est plus compliqué. En tant que responsable de l'image et du son, c'est très flippant. Certes, on n'a eu que deux problèmes techniques en dix ans, mais j'y pense encore.* »

À la fin de la chanson de David Hallyday, les choses s'aggravent. Sur le plateau, c'est la panique générale. Je fais toute l'émission sans retour image, sans oreillette, dans le vide total. David doit évidemment renoncer à son tube « Tu ne m'as pas laissé le temps » qu'il devait interpréter à la fin. Mais avec un Jean-Marie Bigard en pleine forme et un David Hallyday décontracté malgré les conditions, nous avons meublé, jonglé, improvisé comme si de rien n'était.

GALÈRES D'ARTISTES

CAPRICES DU TEMPS

La météo nous a souvent joué des tours. À Lorient, nous avions prévu de terminer l'émission de façon magistrale avec le bagad de Lann-Bihoué, le célèbre ensemble de musiciens bretons de la Marine nationale. Ce groupe de trente sonneurs a joué devant tous les présidents français de la cinquième république, mais aussi devant la reine d'Angleterre Élisabeth II et le pape Jean-Paul II. Malheureusement, à quelques minutes de prendre l'antenne, le responsable du bagad vient me voir pour déclarer forfait. Après les pluies diluviennes de la matinée, les cornemuses utilisées lors des répétitions sont gorgées d'eau. Impossible de sortir la moindre note. Cette mésaventure nous a privés d'un final magistral.

Autre victime de la pluie ce jour-là, Alain Barrière. Le chanteur breton n'a pas pu répéter le matin son medley. Il est contraint d'improviser en direct avec sa guitare, rouspétant entre chaque phrase de sa chanson « À regarder la mer » :

« Et je reste des heures (J'ai les doigts gelés !)
À regarder la mer
(Donnez-moi du son s'il vous plaît !)
Le cœur abasourdi (Les cordes sont mouillées !)
Les pensées de travers
(Vous chantez le public merde !) »

J'adore ces personnages naturels et francs, quelle que soit la situation.

Pour revenir aux conditions climatiques, je crois que rien n'égalera ce qui s'est passé à Aurillac en 2011. Il est vrai que cette jolie ville du Cantal, située à 600 mètres d'altitude, est la capitale du parapluie. Mais tout de même.

Le temps était pourtant magnifique toute la matinée avec un soleil de plomb. À cinq minutes du direct, le ciel est toujours uniformément bleu. Mais à vingt secondes, un énorme nuage noir arrive au-dessus de nos têtes à une vitesse effroyable. Au top antenne, la grêle s'abat sur nous. Mais pas n'importe quelle grêle, de véritables balles de ping-pong qui rebondissent sur le goudron. Sébastien Cauet est avec moi pour la prise d'antenne. Lui non plus n'a jamais vu cela. On a le même réflexe de ramasser les grêlons pour les montrer aux téléspectateurs. Pendant ce temps, dans le car régie, l'inquiétude grandit. « *Il n'y a pas pire qu'un nuage de grêle pour les transmissions par satellite* », explique le responsable de la production Ludovic Rapin. « *C'est comme un véritable mur et le signal n'arrive plus à passer à travers. À Paris, on me dit : "Attention, l'image va couper." Le gars de la station satellite augmente la puissance de diffusion au maximum. Je peux vous dire qu'on a vraiment été à deux doigts de finir avec un noir à l'antenne. C'est miraculeux que cela ait tenu.* »

Ce début d'émission est surréaliste. Dans une ambiance de folie, le public resté en nombre, et je l'en remercie encore, hurle pour se donner du courage. Certaines personnes se réfugient sous les arbres, d'autres enfilent un magnifique ensemble de sacs plastiques confectionné à la hâte :

« – *C'est une horreur* », dis-je en regardant le pauvre cameraman trempé, en face de moi.

« – Je pensais qu'à Aurillac, il faisait très froid, mais il pleut aussi des boules de neige », me répond Cauet

« – Pauvre Julie Pietri qui va chanter dans un instant !

– Ne sortez pas, il tombe des cailloux de 2 kilos, c'est très dangereux. Aïe ! J'ai été touché !

Je vais demander à tout le public d'encourager très fort Julie Pietri, car pour la première fois de sa vie, elle va chanter sous la grêle. Et en direct en plus. Voici "Ève, lève-toi" ! »

Sur scène, Julie est pétrifiée. Elle attaque le premier couplet tant bien que mal alors que d'énormes gouttes d'eau envahissent l'objectif des caméras de Fred Godard : « *Oh femme unique, pêché, désir, pour un serpent de bible, a brisé...* » « *Excusez-moi, je ne peux pas continuer comme ça, je n'entends pas la musique à cause de la grêle. Ah ah, ce sont les joies du direct. Est-ce que l'on peut me renvoyer la musique depuis le début, mais très fort dans les retours. Merci !* »

Magnifique Julie et magnifique moment de télévision. La chanteuse ira au bout de sa chanson, soutenue par des Aurillacois, eux aussi formidables et blottis sous les parapluies, mais unis avec nous dans cette aventure.

Après l'émission, Julie ne semble pas encore remise de ses émotions. Dans la loge maquillage, elle répète en boucle : « *Heureusement que j'ai du métier. Il fallait le faire quand même. Si t'es pas professionnel, tu ne t'en sors pas.* » Tous ceux qui passent devant elle ont droit à cette ritournelle sans fin. Mais elle a raison. Son remake de « Chantons sous la grêle » restera dans les annales de l'émission.

Village Départ, c'est aussi cela. On peut passer de la tempête à la canicule en quelques jours : « *J'ai passé de la crème solaire sur 800 nez, 300 crânes, 500 paires de bras et rafraîchit au brumisateur plus de 2 000 personnes* », ajoute Rémy Guilloton. Tout le charme des émissions en plein air qui mouillent les yeux et réchauffent les cœurs.

DUR, DUR DE REJOINDRE LE PLATEAU

À Évry l'an dernier, Michel Fugain est arrivé sur notre plateau juste au moment de la prise d'antenne, à cause d'un retard d'avion conséquent. Je débutais l'émission en compagnie du Premier ministre et ancien maire de la ville, Manuel Valls, lorsque j'aperçois Michel qui se précipite sur la scène pour interpréter la première chanson. Heureusement que la bande play-back était prévue, car sans répétition, on risquait une catastrophe. Pour l'anecdote, j'apprends ce jour-là que Michel Fugain habitait dans son enfance dans la même rue que moi à Grenoble. Nous vivions à quelques encablures sur le cours Berriat que tous les Grenoblois connaissent bien.

Le pauvre Danyel Gérard a dû traverser à pied, sans perdre son chapeau, le village noir de monde de Saint-Pourçain-Sur-Sioule dans l'Allier. Pour une fois, notre excellent chauffeur Mickaël Hinault, le fils de qui vous savez, s'était trompé d'itinéraire et la voiture est restée bloquée à un carrefour. Sur le Tour, si vous ne suivez pas le chemin exact tracé par les organisateurs, la galère est assurée. Le PPO, Point de Passage Obligatoire, porte bien son nom. C'est le lieu de rassemblement où convergent des milliers de personnes et mieux vaut l'atteindre. L'interprète de « Butterfly » ne nous en a pas tenu rigueur. Il a même offert sa guitare après sa chanson à une jeune fille du public qui du reste, ne l'a pas remercié. Je me demande bien ce qu'elle a pu en faire.

Parfois, ce sont nos invités eux-mêmes qui commettent une bourde. Le chanteur Corneille par exemple, s'est carrément trompé de train. La veille de l'émission, il était pourtant arrivé très en avance à la gare de Lyon pour prendre celui de Besançon où nous l'attendions. Mais je ne sais pas comment il s'est débrouillé, il est monté dans le train de Lyon avec son attachée de presse, croisant dans le wagon Gérard Lenorman :

« – *Ah salut Gérard ! Toi aussi tu vas à Besançon ?*

– Ah non, moi je vais à Lyon. Celui de Besançon vient juste de partir. »

Finalement, Corneille est descendu du train à temps et a reporté son départ au lendemain matin à six heures. Une rude punition.

Les artistes sont parfois contraints de se lever très tôt, ce qui n'est guère dans leurs habitudes. Pascal Obispo qui résidait au Cap Ferret est parti à cinq heures du matin pour pouvoir nous rejoindre à Limoux dans l'Aude. Il a pris un train jusqu'à Carcassonne avant d'enchaîner sur un long périple en voiture. À ce moment-là en 2012, Pascal s'était volontairement retiré de la scène depuis plusieurs mois et la ferveur du public lui manquait. Il a été servi. Embrassades, bousculades, autographes, photos, un accueil digne d'une star internationale. De nombreux coureurs comme Sylvain Chanavel étaient flattés de le rencontrer et d'échanger quelques mots avec lui. En s'immergeant dans le Tour de France, le chanteur songe naturellement à son grand-père qui le portait sur ses épaules pour voir passer le peloton. Puis il donne le départ de l'étape et participe à notre émission en compagnie de Tatiana Golovin et d'une pléiade d'artistes. Nouveau record d'audience battu.

Sur le Tour de France, il faut s'attendre à tout, comme l'a constaté Damien Thévenot. Invité en compagnie de Sophie Davant à suivre une étape dans la voiture de France Télévisions, l'animateur de « C'est au programme » sur France 2 a reçu un accueil pour le moins particulier : « *Comme on avait une demi-heure d'avance sur le peloton, le chauffeur nous conseille de faire une petite pause pique-nique. On s'arrête donc au bord d'une route, tout près d'une maison. Un monsieur en sort, nous aperçoit et hurle à sa femme : "Marcelle, viens voir, y a le con de la télé qui est dans le jardin !" En guise de consolation, j'ai appris de la bouche de sa femme que "con" signifiait gentil pour son mari.* »

Je vous le confirme, Damien est un garçon charmant qui ne se prend pas au sérieux, même quand on le prend pour Cyril Féraud. Il faut dire que la ressemblance physique est assez frappante. Jean-Pierre Castaldi, en le croisant avant l'émission lui lance : « *Ça fait longtemps que tu ne m'as pas invité à Slam.* » J'imagine tous ceux du métier qui se seraient vexés. Lui non, il s'en amuse.

PATRICK FIORI

Patrick Fiori est venu pour la première fois dans Village Départ en 2009 à Monaco, alors que sa femme était sur le point d'accoucher. Le temps d'un aller-retour express entre la maternité et le plateau, afin de respirer l'ambiance de la Grande Boucle : « *Mon rêve est de voir le Tour partir de Corse. Ça n'est jamais arrivé et j'aimerais tant assister à une étape sur mon île avec mon père* », nous dit-il sans trop y croire.

Quatre ans plus tard, en 2013, son vœu sera enfin exaucé. « *J'avais l'impression qu'on ne voulait pas venir ici, mais ce n'était qu'une impression* », lâche-t-il en apprenant la nouvelle.

Patrick fait évidemment partie de nos invités pour l'une des trois émissions prévues sur l'île de beauté. Après de nombreuses tergiversations sur les dates, on le cale le deuxième jour à Bastia. La veille, sa manageuse nous appelle, affolée :

« – *Vous êtes où ? On ne trouve pas votre plateau !*

– *Euh, mais c'est demain l'émission avec Patrick ! Là, on est à Porto Vecchio !* »

Le chanteur était tellement impatient de vivre ce grand moment qu'il s'est trompé de jour, avec 24 heures d'avance. « *Je me suis retrouvé sur un parking à Bastia où il n'y avait quasiment personne. J'ai finalement passé la journée chez des amis* », nous confie-t-il le soir en nous rejoignant à l'hôtel.

Le lendemain, Patrick évoque à merveille les charmes de cette Corse où il vit depuis trente ans et où il a passé une partie de son enfance avec ses quatre frères et sœurs. À l'antenne, on le voit très ému et impressionné par l'impact de l'événement : « *Merci pour ces superbes images, merci de faire partager les beautés de la Corse au monde entier. Enfin, notre île est visible pour des millions de gens sur la planète.* »

Pendant trois jours sur le bord des routes, on aperçoit des pancartes sur lesquelles un immense MERCI est inscrit. En donnant pour la première fois le départ du Tour de France en Corse, les organisateurs ont ému tout un peuple qui a redécouvert son île. Un événement doublement historique puisqu'il s'agissait également de la centième édition. Le défi était pourtant de taille. *« Ce qui m'inquiétait le plus* », avoue Christian Prudhomme, le patron du Tour, « *c'est qu'il n'y avait pas d'itinéraire bis. En cas de problème sur le continent, on peut facilement prendre une autre route. En Corse, ce n'est pas possible. Au moindre incendie par exemple, tout aurait été bloqué et l'étape neutralisée.* » De plus, accueillir les équipes cyclistes, les 4.500 personnes de la caravane et les centaines de journalistes n'était pas gagné d'avance. Il fallait trouver l'idée lumineuse et adéquate. Une salle de presse géante a donc été installée à bord d'un énorme ferry de 170 mètres de long. Avec ses 500 cabines, le navire a pu loger une bonne partie du personnel et rapatrier tout ce petit monde vers le continent. Pour le commandant de bord François Péré, « *c'est une petite ville qui a été reconstituée sur le bateau.* » Nul doute désormais qu'il ne faudra plus attendre cent ans pour revoir passer les coureurs sur l'île de beauté.

Dans ce Village Départ à Bastia, Patrick Fiori improvise a cappella un magnifique duo avec Baptiste Giabiconi sur un célèbre chant corse « Le prisonnier » d'Antoine Ciosi :

> *« Je t'envie petit moineau*
>
> *Toi qui viens quelquefois me rendre visite*

Perché sur l'un de tes barreaux

De cette minuscule lucarne à l'air triste... »

Instant magique et émouvant.

Fiori et Giabiconi ont beaucoup de points communs en dehors de faire craquer les filles. Certes, ils sont nés dans les Bouches-du-Rhône, le premier à Marseille, le second à Marignane, mais leurs origines corses sont belles et bien ancrées en eux. « *C'est un peuple droit, fier. Je ne pourrais pas vivre ailleurs* », confie Fiori. « *Dès mon plus jeune âge à Marseille, ma mère me faisait écouter des chants corses traditionnels. J'étais déjà imprégné de cette culture. Un jour, elle a décidé de retourner chez elle à Ajaccio avec toute la famille. On l'a donc suivi avec un énorme camion de mon papa, qui était déménageur, et on s'y est installé. En arrivant, j'ai fait mes premiers concerts, mais il fallait que je fasse mes preuves. Des gars du coin m'ont pris en main et m'ont fait faire tous les petits villages de Corse et je peux vous dire qu'il y en avait beaucoup. C'était ma première tournée.* »

Avec cet apprentissage sur le terrain, Patrick Fiori a débuté sa carrière d'une manière bien différente de celle des jeunes chanteurs d'aujourd'hui, révélés par les émissions de télé-réalité. Même si lui aussi a été découvert dans un concours de chant à la télévision.

L'émission, tournée à la fin de l'année 1985 et présentée par Léon Zitrone, s'appelait « Les habits du dimanche ». Sept semaines de suite, Patrick Fiori remporte l'épreuve, sous les yeux des plus grands artistes. Dalida qui, depuis les coulisses s'émerveille devant le jeune Fiori, âgé d'à peine 16 ans, lui lance après sa prestation : « Tu es un soleil. Tu vas faire une grande carrière. » Patrick s'en souvient encore : « *Elle est venue spécialement dans la loge pour me dire de jolies choses que je n'ai jamais oubliées.* »

Cette émission est le point de départ de la carrière de Patrick Fiori. « *Une étape importante qui m'a fait basculer très jeune dans un monde d'adultes.* ». Ce succès précoce lui permettra ensuite d'assurer les premières parties de Gilbert Montagné, comme l'a fait Grégory Lemarchal. Patrick lui offrira d'ailleurs une magnifique chanson « Le lien », qu'il a écrite et composée peu avant sa mort.

DAVID PUJADAS

Autre retour aux sources, celui de David Pujadas. Le présentateur du 20 heures de France 2 était attendu dans Village Départ à Barcelone, sa ville natale, le 10 juillet 2009. La veille, il avait assisté au concert de Madonna au Stade de France. La nuit a dû être courte, car le lendemain, David, accompagné de sa femme, se rend très en retard à l'aéroport d'Orly pour prendre son avion. Quand il arrive au guichet, l'enregistrement du vol est définitivement terminé et l'accès lui est refusé.

« – *Écoutez, je vais faire une télé, vous voyez qui je suis* », tente David.

« – *Non monsieur, désolé, je ne sais pas qui vous êtes !* », lui répond l'hôtesse.

Qui a dit que les stars de la télé avaient tous les privilèges... David doit donc prendre le vol suivant, prévu heureusement peu de temps après.

Pour des raisons de sécurité, nous avions décidé exceptionnellement d'enregistrer l'émission le matin. Avec cette histoire d'avion, cela devenait impossible. Nous l'avons donc faîte en direct, à 13 heures, avec un David Pujadas en pleine forme, heureux d'évoquer cette ville fascinante de Barcelone. Même s'il n'y a jamais vécu, ses attaches y sont fortes. Sa famille paternelle y réside depuis longtemps. Il peut même s'enorgueillir d'une promenade Pujadas et d'une avenue Pujadas quelque part dans la ville.

David s'est replongé dans Barcelone après les Jeux olympiques d'été de 1992. Journaliste à l'époque pour TF1, il réalise plusieurs reportages sur les répercussions économiques de cet événement sportif dans la cité catalane. Depuis, il emmène régulièrement ses filles en vacances afin de leur faire partager ses racines. Avec toujours une petite préparation psychologique en amont, tient-il à préciser : « *Quand on vient voir la famille, il faut se préparer à être endurant. L'apéro à midi dure deux heures, le repas cinq heures. On sort de table vers sept heures du soir, avant de s'y remettre jusqu'au bout de la nuit. Mais c'est tellement convivial. Ici, rien n'est cloisonné. Les jeunes sortent avec les vieux. Les enfants n'ont pas honte de faire la fête avec leurs parents. Ce n'est pas snob du tout, ni élitiste.* »

« *Racontez-nous ce pèlerinage que vous avez fait avec votre père* », lui demandais-je

« *Mon père a eu un accident de voiture quand il était jeune, dont il est sorti miraculeusement indemne. Il avait dit alors : "Je ferai un pèlerinage tous les dix ans entre Barcelone et la montagne sainte". Quand j'avais 13 ans, j'ai donc fait ce long parcours avec toute la famille. Nous avons marché la nuit entière pendant près de 50 kilomètres. C'est un beau souvenir, une belle aventure familiale.* »

Dès l'émission terminée, le présentateur du 20 h est allé retrouver ses proches en compagnie de son épouse. Le début d'un long week-end de fête.

GENEVIÈVE DE FONTENAY

Elle fut l'une de nos premières invitées dans Village Départ en 2005. Et quand elle débarque sur le Tour de France, ce n'est pas l'émeute, mais pas loin. Tout le monde l'arrête en chemin pour la saluer ou lui dire un mot gentil.

Je l'aime beaucoup, mais au fil du temps, ses prises de position excessives sur des sujets de société, comme le mariage pour tous, me gênent un peu. Sa tendance à vouloir faire du buzz en permanence est un peu lassante. Quand elle s'aperçoit qu'elle n'est pas prévue dans notre liste d'invités, elle me téléphone au mois de juin, quelques jours avant le départ du Tour : « *Allo Laurent ! Alors comme ça tu n'invites pas ta mamy cette année ?* »

Parfois, je craque, parfois je ne cède pas.

Son pire souvenir, elle l'a vécu en se rendant à Pamiers dans l'Ariège. Contrainte de prendre l'avion, la pauvre Geneviève se retrouve devant les contrôleurs de la sécurité de l'aéroport qui l'obligent à enlever son chapeau. Malgré ses protestations, aucune négociation n'était possible. Autant vous dire qu'elle a détesté cela. C'est d'ailleurs pour cette raison qu'elle voyage toujours en train. Son chapeau est une forme d'excroissance, indéboulonnable de son crâne lorsqu'elle est en public. Elle le porte depuis cinquante ans. C'est son mari qui, à l'époque, lui a soufflé l'idée, jugeant que sa tête était trop petite par rapport à son corps : « *Il trouvait en effet que ce chapeau équilibrait bien l'ensemble !* »

Après les douaniers, c'est la tempête qui a bien failli décoiffer notre amie Geneviève. La scène se déroule à Dunkerque en 2007, où elle est notre invitée en compagnie de la Miss France de l'époque, Rachel Legrain et de quelques autruches pour la partie « animaux ». Ni voyez pas malice de ma part, tout est vrai. C'est alors qu'en plein milieu de l'émission, un orage d'une violence incroyable s'abat sur nous, avec des vents à plus de 100 km/h. L'apocalypse. Un miracle que tout n'a pas disjoncté. D'un coup, je vois débarquer sur le plateau une dizaine de chauffeurs et de techniciens de l'équipe pour maintenir le décor en place et protéger nos invités avec des parapluies. Quant à Geneviève, elle a les deux mains posées sur son chapeau pour éviter qu'il s'envole dans la mer du Nord.

Une autre année, en Belgique où elle vient passer deux jours, elle arrive à notre hôtel sans la moindre valise, ni même un petit sac à main. Apparemment, elle n'avait rien prévu pour dormir, pas de nuisette, rien. Forcément le lendemain, on la retrouve habillée exactement de la même façon. Sacrée Geneviève.

SOIRS DE FÊTE

Les soirées à l'hôtel, généralement passées en compagnie de nos invités, sont relativement calmes. Tout le monde se détend et profite des spécialités régionales. Cependant, je ne peux pas oublier une nuit agitée à Marseille avec la troupe de la comédie musicale « Mozart, l'opéra rock ». Une sacrée bande avec Mikelangelo Loconte, Florent Mothe et Claire Pérot. Après un petit dîner sur la Canebière où nos amis ont d'ailleurs croisé l'équipe de comédiens de « Plus belle la vie », direction l'hôtel. À une heure du matin, l'un d'eux a l'idée de sortir les guitares et de pousser la chansonnette dans l'une des chambres. Il a fallu beaucoup de diplomatie pour calmer les clients furieux et le patron de l'hôtel, qui menaçait de les virer.

Cela dit, la plus belle soirée que nous ayons vécue en dix ans s'est déroulée à Mâcon, en 2011. Pour une fois, toute l'équipe de Village Départ était logée dans le même hôtel, un petit château que nous avions réquisitionné pour l'occasion. En somme, il n'y avait que nous dans tout l'établissement. Vers 19 heures, je me rends avec le réalisateur Fred Godard dans la chambre de mon chauffeur « Dédé la moquette » qui avait l'avantage de posséder une belle terrasse gazonnée au rez-de-chaussée. Eh oui, même les chauffeurs ont droit à leur terrasse gazonnée. Le temps de se servir un petit pastis que trois autres personnes se joignent à nous. Puis deux autres et encore deux autres. Chacun passe des coups de fil aux absents : « Venez boire un coup avec nous ! » On appelle aussi notre invitée Hélène Rollès, l'inoubliable héroïne d'« Hélène et les garçons » et Babeth Barriol, la géniale attachée de presse de la maison de disque Warner qui débarque pour la première fois dans notre univers pour accompagner Tal. Un sacré baptême pour elle.

Deux heures après, on s'est retrouvés à soixante dans une ambiance indescriptible. La soirée nous avait complètement échappé.

Le lendemain matin, en passant par la chambre, je vois, effaré, des dizaines de bouteilles vides répandues un peu partout. Je crois que je n'en ai jamais vu autant de toute ma vie.

Comme tout le monde, je n'étais pas très frais pour faire l'émission, bafouillant à plusieurs reprises. J'ai même expliqué les raisons à l'antenne, ce qui ne m'arrive jamais, sous le regard ébahi de Patrick Poivre d'Arvor. Tous ceux qui ont vécu cette soirée mémorable en reparlent encore aujourd'hui. Il faut dire qu'en se levant tous les jours vers six heures du matin, les occasions de faire la fête sont assez rares.

Sans un minimum de discipline, impossible de tenir les trois semaines. Nous sommes finalement comme les coureurs du Tour de France, moins affûtés je vous l'accorde, mais suivant le même régime et couchés à la même heure. Bon, les kilomètres, nous les faisons en voiture, je vous l'accorde aussi. Ayant eu la chance de couvrir tous les grands événements sportifs internationaux pour France Télévisions, je peux vous assurer que Village Départ reste la plus épuisante des émissions que j'ai le plaisir de présenter. Mais la fatigue qui s'accumule au fil des jours est gommée par l'envie et le bonheur qui nous anime. L'énergie du public, ses acclamations avant de prendre l'antenne, sont plus efficaces qu'un litre de café. Oui, je vous l'avoue : notre produit dopant, c'est vous.

10 ans de coulisses et d'images

Prise d'antenne à Aix-en-Provence, avec Tal, Michèle Torr et Lætitia Milot. Quel dur métier !

Hervé Vilard et Geneviève de Fontenay, le franc-parler à l'honneur.

Tal au Touquet. Et c'est parti pour le show.

Monty dans
le chaudron stéphanois
de Village départ :
Allez les verts

Teddy Riner chasse
deux sympathiques
Grenoblois ayant fait
irruption sur la scène.

Marion Bartoli après sa victoire
à Wimbledon et Tatiana Golovin.

Ludovic Rapin
(accréditation autour du cou)
en mode Boys Band,
avec les Worlds Appart.

Avec Jonathan Lambert en haut des arènes de Nîmes.
Contrairement aux apparences, on n'en mène pas large.

Des bonnes sœurs charmantes qui n'hésitent pas à lever le coude.

Avec mon ami et réalisateur Fred Godard.

L'inoubliable « Salsa du Démon » tourangelle par le Grand Orchestre du Splendid

Le briefing de 9 h 30 avec toute l'équipe.

Merci Daniel pour ta venue à Carcassonne.

À Liège, Pascal Légitimus, Thomas Dutronc et Fabien Lecoeuvre.

Le grand Stromae, dans tous les sens du terme.

Partie de pétanque dans la Drôme
pour Laffont et Lafon.

Pascal Obispo avec notre programmateur Thierry Colby.

Nolwenn Leroy à Castres, avec Cyril Féraud et Fabien Lecoeuvre. L'orage approche.

Thomas Dutronc en 2012. « Sa meilleure télé de l'année » nous dira-t-il après l'émission de Liège.

Kersauson, *no comment*. Hughes Aufray au top.

Montpellier, Rémi Gaillard
dans ses « œuvres ».

Kev Adams et Jean Roch à Tomblaine
très chauds dès la prise d'antenne.
Ça promet.

En Angleterre, plongée dans les années 70
avec les Rubettes.

Les Stranglers à l'hippodrome de York, décor d'un Village Départ mémorable.

« Always the sun » sous la pluie...

Bain de foule à Cambrai pour David Hallyday.

Une prise d'antenne apocalyptique à Aurillac avec Cauet

Carinne debout
dans la tempête.

Aurillac, grêlons sur scène, gouttes d'eau sur la caméra et une Julie Pietri imperturbable.

Le Premier ministre Manuel Valls à Evry, l'un des rares hommes politiques que j'ai accueilli dans Village Départ. (Avec Roselyne Bachelot et Frédéric Mitterrand).

Séance d'autographes à Limoux pour Pascal Obispo.

Dernière répétition à Gap pour Patrick Fiori.

Le mannequin et chanteur Baptiste Giabiconi.
Le temps s'arrête pour ses admiratrices.

Giabiconi futur jeune espoir du Tour de France.

Geneviève de Fontenay comme une pop star.

Un orage a Dunkerque a failli emporter le plateau et le chapeau de Geneviève.

Dunkerque. Heureusement que l'équipe technique est là.

10 ans d'insolites

« L'insolite est inséparable de l'amour.
Il préside à sa révélation. »

André **B**RETON,
écrivain.

« Ha... ma petite cuisine de Village Départ ! Voilà un rêve !

Imaginez un peu pour la gourmande que je suis, le plaisir que j'ai, chaque jour, à balader ma petite cuisine au gré des étapes du Tour de France.

Je découvre les spécialités des régions en étant au cœur du sujet - pas possible de faire plus authentique, plus frais, plus convivial...

Je m'étonne de l'infinie diversité des produits.
Cinq ans après mes débuts, je découvre encore et encore des produits goûteux, pour certains innovants ou insolites !

Je me souviens des Coucougnettes de Pau, des Tétons de la Reine Margaux, mais aussi des andouillettes tellement savoureuses et sans odeur (ou presque) de Saint-Pourçain-sur-Sioule.

Dans ma cuisine se côtoient rugbymen, bonnes sœurs du couvent d'en face, meilleurs amis, mères et filles, pompiers, vignerons. Chacun vient partager une recette de sa région, tiraillé entre l'appréhension d'un passage télé devant deux millions de téléspectateurs et l'envie de représenter dignement sa ville.

Face aux planches à découper, aux plaques chauffantes, et autres ustensiles, on assiste aux premières loges, au spectacle donné par les artistes invités. Ainsi on cuisine en dansant, chantant, en faisant attention à ne pas se couper, et à ne rien faire brûler !

À la fin de l'émission, ce sont ces mêmes artistes qui dégustent le plat des candidats pour désigner le meilleur des deux. Et question dégustation, plusieurs techniques :

Dis Carinne,
quand est-ce que
tu m'apprends
à cuisiner ?

Je me souviens d'un Jean-Pierre Castaldi qui dévore tout ce qu'il peut en un temps record, et d'un Jean-Marie Bigard à qui on a proposé un magnifique dessert alors qu'il est diabétique !

N'est-ce pas ça la cuisine ? Un moment de rencontre, d'échange, de partage.

Le tout dans une ambiance festive, en musique, et tout ceci donne aux plats un petit goût en plus... Si, si je vous assure... Le goût du bonheur.

Carinne Teyssandier

Les moments inattendus, les scènes insolites vous ont fait aimer Village Départ au gré de ces dix ans. Avec plus de 500 invités et 150 heures de direct en 200 émissions, les occasions n'ont pas manqué de nous amuser, de nous attendrir ou de nous révolter. Et quand l'imprévu est au rendez-vous, le plaisir n'en est que plus intense.

LES ROIS DU ZAPPING

ARIELLE ET LE CRI DU COCHON

Juillet 2011 en Vendée, Arielle Dombasle découvre, émerveillée, l'ambiance du Tour de France. Un univers pourtant aux antipodes de celui qu'elle fréquente. Le chic parisien au milieu des glacières et des bobs Cochonou, pour caricaturer un peu : « *J'ai vécu 20 ans au Mexique et je ne connaissais pas le Tour de France. Je trouve que c'est une excitation extraordinaire ! J'aime tous ces gens qui se dépassent et cette ferveur incroyable. Et puis ces chutes ! Je ne savais pas que ça fichait tout en l'air. Ce sont des pièges affreux.* »

Curieuse, elle demande à Jean-Paul Ollivier pourquoi le maillot du vainqueur est jaune. « *Parce que quand le Tour a été créé, il était organisé par le quotidien "L'Auto". C'était l'ancêtre du journal L'Équipe et il paraissait en jaune. En 1919, il a donc donné sa couleur au maillot du leader afin de bien l'identifier par rapport aux autres* », répond Jean-Paul.

Ce côté caméléon d'Arielle Dombasle, notre programmateur, Thierry Colby, l'a constaté à plusieurs reprises : « *Arielle s'adapte à toutes les situations. Elle est aussi à l'aise dans un palais royal à Marrakech que dans un milieu ultra populaire. Lors de sa venue sur le Tour, pour une fois, l'hôtel était assez sordide et situé à plus d'une heure de route du plateau. Il fallait qu'elle se lève tôt, mais à aucun moment elle ne s'est plainte, toujours souriante et détendue. Elle m'a juste dit : "C'est dommage, il n'y a qu'une douche et pas de baignoire dans la chambre !" Je me souviens que le restaurant, une sorte de petite pizzeria où l'on a dîné le soir était installée au bord d'un parking horrible. Et pourtant, cela restera un de nos meilleurs souvenirs.* »

Dans cette émission en Vendée, nous lui rappelons l'époque assez lointaine où elle ne payait pas ses contraventions. Arielle avait imaginé une technique infaillible qui lui a cependant coûté très cher : « *C'est très vilain ce que j'ai fait et je le déconseille à tout le monde. Au lieu de régler mes PV, je marquais "décédée" en gros sur la contravention. Ça a marché un temps, mais ça s'est très mal terminé puisqu'un jour j'ai dû tout payer avec des majorations.* »

Dans la vie comme à l'écran, Arielle Dombase assume tout : ses erreurs, ses choix et ses prises de position. Elle fut l'une des premières personnalités à défendre le mariage pour tous et l'adoption pour les couples homosexuels, bien avant le projet de loi de François Hollande : « *Moi, je souhaite que les gens qui s'aiment soient protégés et le mariage les protège. Qu'ils soient hommes ou femmes, c'est la même chose.* »

Deux ans plus tard, je la réinvite, cette fois en Normandie à Avranches, dans un Village Départ qui restera l'un des plus délirants de ces dix années. À ses côtés, Anggun et Natasha St-Pier, venues promouvoir leur dernier album consacré à Sainte-Thérèse de Lisieux.

Arielle, vêtue d'une immense robe blanche et entourée de danseurs tout aussi lyriques, interprète une reprise de l'« *Ave Maria* » de Gounod. Sur le plateau, les conversations avec nos trois charmantes artistes nous transportent dans un monde spirituel bien loin des réalités du vélo.

Mais deux Normands atypiques vont rapidement nous ramener sur terre.

D'abord Thierry Olive, agriculteur vedette de l'émission de M6 : « L'amour est dans le pré », qui participe à notre concours de cuisine concocté par Carinne Teyssandier. Thierry est un bon vivant sympathique, un peu rougeaud et porté sur la chose comme on dit. Face à lui, sa femme Annie, qu'il a justement séduite dans cette célèbre émission de télé-réalité. Leur mariage a réuni plus de monde que celui de Johnny Hallyday et Sylvie Vartan. Une popularité pas toujours facile à gérer : « *Il paraît que vos fans n'hésitent pas à sonner à votre porte pour vous rencontrer* », lui dis-je.

« *C'est vrai. Ils viennent à n'importe quel moment à la maison pour me voir. C'est très gênant quand on fait crac crac avec Annie !* »

Le ton est donné. Thierry Olive enchaîne ensuite sur les bienfaits d'un petit calva le matin à six heures pour bien commencer la journée.

Je vois le regard dubitatif de Natasha et Anggun devant ces révélations pour le moins surprenantes. On est loin de Sainte-Thérèse de Lisieux.

Mais le clou du spectacle nous est offert par un certain Noël Jamet, 47 ans, sextuple champion du monde... du cri de cochon. Une sorte de Teddy Riner de la ferme. Ce personnage singulier, élevé dans une ferme, s'est intéressé très jeune aux cris des animaux qu'il côtoyait tous les jours. Il commence par imiter le dindon, le cheval, la poule puis se concentre sur son point fort : le cochon, qu'il teste avec succès lors de soirées entre amis. Depuis ses premiers pas à la foire de l'andouille de Vire en 2004, il arpente les concours avec sa combinaison en latex qu'il s'est lui-même confectionnée. Une « magnifique » tenue rose avec groin, oreilles dressées, mamelles et queue en tire-bouchon.

Je propose à Arielle Dombasle de rejoindre Noël Jamet qui nous attend les pieds dans la paille, prêt à dérouler toute la vie du cochon, de la naissance à la mort en passant par l'allaitement des petits. La démonstration démarre lentement par quelques petits cris, puis monte en puissance : « *Ruiiii, rrruuuii, ruuuiii !* »

Cette image restera gravée dans les annales de Village Départ. Les hurlements et grouinements retentissent de plus belle. Puis quatre bébés apparaissent du ventre de l'homme-cochon comme par enchantement. La séquence de quatre minutes paraît interminable, comme la robe blanche immaculée d'Arielle qui traîne dans le foin. À la fin de la démonstration, sous les cris tonitruants du porc que l'on trucide, la chanteuse met ses mains devant ses yeux pour ne pas assister au spectacle. Le moment est surréaliste, repris évidemment dans tous les zappings.

Je suis moi-même partagé entre le fou rire et la gêne. Jamais je n'avais assisté à une telle scène, comme la plupart des téléspectateurs. Dans les comices agricoles, ce genre de démonstration est assez habituel, mais à la télévision, c'est une première. Il fut même l'une des principales attractions au dernier salon de l'agriculture à Paris, entouré par son fan-club venu le soutenir. « Je suis quelqu'un de simple », confie-t-il. « Lorsque j'ai participé aux "Grosses têtes" sur RTL, Philippe Bouvard m'a dit de ne surtout pas changer et de rester tel que je suis. »

Évidemment, les mauvaises langues s'emparent de la séquence et crient à la « beaufitude ». Mais je reste persuadé que Noël Jamet méritait davantage cette exposition qu'une Nabilla, adorée des bobos parisiens et invitée sur tous les plateaux de télé et même au

Festival de Cannes grâce à son « *Allô ! Non, mais allô quoi !* ». On a vu où cela l'a menée.

Le champion du monde du cri de cochon est un amoureux des animaux et de la nature qui a travaillé durement pour aller au bout de sa passion et gagner des concours internationaux. En cela, je ne regrette pas sa venue. Et merci, Arielle, d'avoir magnifiquement joué le jeu avec beaucoup d'humour.

Ce jour-là, la Normandie est en fête avec le départ du Tour de France à Avranches et le passage des coureurs devant le mont Saint-Michel, troisième site le plus visité de France derrière la Tour Eiffel et le Château de Versailles. Dans cette ville d'Avranches, libérée en juillet 1944, Arielle se souvient de son grand-père maternel, résistant de la première heure : « *Il fut le premier diplomate à rejoindre le Général de Gaulle en juin 1940 à Londres. De Gaulle l'envoya très vite en Amérique pour fonder la France libre à travers une association "France for ever" basée à New York. Il le désigna comme son représentant personnel pour les questions politiques, économiques et financières.* »

Un an plus tard, Maurice Garreau-Dombasle démissionnera en raison des dissensions au sein de l'association et deviendra ambassadeur de France au Mexique. Décidément, dans cette émission, on passe par toutes les émotions, aussi différentes soient-elles.

Arielle nous présente enfin l'un de ses plus grands fans : Alexandre, vêtu d'un petit pull bleu et d'un nœud papillon. Ce garçon la suit absolument partout et a toujours une bonne bouteille de champagne Ruinart dans son coffre, pour animer les fins de soirées. J'en profite pour demander à Alexandre de faire office de goûteur pour notre concours de cuisine. Car manque de chance, nos trois charmantes chanteuses sont toutes végétariennes. Impossible de leur faire avaler une seule bouchée du plat d'andouille de notre ami Thierry Olive. Une dernière image insolite pour clore ce rendez-vous d'Avranches que je ne suis pas prêt d'oublier.

DOC GYNÉCO ENTARTÉ

Une seule fois, en 200 émissions, je n'ai pu maîtriser la situation. C'était en Belgique et ce jour-là, la victime Doc Gynéco en a pris pour son grade.

La veille, tout avait pourtant bien commencé. Le Doc, fidèle à sa réputation, avait fait la java toute la nuit en charmante compagnie. Étant dans la chambre juste à côté, j'ai dû sortir les boules Quies pour trouver le sommeil. Bref, une très belle nuit pour le Doc que je retrouve le lendemain matin avec deux de tension, mais à l'heure prévue.

J'ai eu, il faut le dire, la mauvaise idée d'inviter le fameux entarteur belge Noël Godin, en m'assurant cependant du côté de la sécurité qu'aucun de ses redoutables acolytes n'ait accès au plateau. Je me doutais bien que Doc Gynéco, qui avait soutenu Nicolas Sarkozy l'année précédente, constituait une cible privilégiée pour l'entarteur. C'était sans compter sur un détail qui m'avait totalement échappé. Et pour cause. « *La production m'a proposé pour s'amuser d'entarter l'animateur Laurent Luyat en fin d'émission* », avoue Noël Godin. « *Cette opération de connivence n'avait aucun intérêt pour moi et mes complices, mais elle a permis à mon commando d'entarteurs de pénétrer sans difficulté sur le plateau. Mieux, la sécurité avait pour consigne de ne pas nous empêcher de travailler. On les a bien couillonnés.* »

Merci la production, pour une fois bien mal inspirée. Et dans mon dos en plus. Résultat : à la seconde où Noël Godin s'installe à la table aux côtés de Doc Gynéco, un complice fait irruption et gratifie la victime d'une première tarte à la crème. « *Gloup gloup, entartons, entartons les Sarkochiants-couillons !* », s'exclame le Belge à plusieurs reprises.

Les dégâts sur Doc Gynéco sont cependant minimes. La tarte n'a pas vraiment atteint le visage du chanteur qui affiche un sourire de circonstance. Les terroristes de la crème pâtissière se rendent compte que leur attentat n'est guère spectaculaire à l'image et réagissent immédiatement. En meute. Trois individus faisant irruption sur le plateau vont, cette fois, atteindre leur cible. Deux tartes lui recouvrent le visage et une troisième est plaquée sur son épaisse chevelure alors que les « *Gloup, gloup, gloup* » retentissent de plus belle dans la panique générale. Bruno tente de garder son flegme légendaire :

« – *C'est pas bien de gâcher la nourriture !*

– *C'est de la part de Michel Polac que vous avez traité de malade en phase terminale dans une émission de Laurent Ruquier* », lui répond l'entarteur.

En régie, notre réalisateur Fred Godard est fou furieux. Sur le plateau, je suis moi-même un peu déstabilisé. Le Belge exulte. Je lance à l'antenne : « *Fred, coupe le micro de Noël Godin !* »

Nos assistants nettoient Bruno qui a de la crème partout sur ses vêtements. Quelques minutes plus tard, une fois la tension retombée, je libère le pauvre Doc qui doit suivre l'étape dans la voiture de France Télévisions. En partant, en signe d'apaisement, il tend la main à Noël Godin qui la refuse catégoriquement. « *J'avoue que j'ai même pensé à l'embrasser* », raconte Godin au journal *Télé 2 semaines*. « *Mais je me serai contredit. L'embrasser, c'est comme rouler une pelle à Marine Le Pen. En revanche, lui n'arrêtait pas de vouloir me séduire en me caressant. Je n'y étais d'ailleurs pas insensible. Il m'a aussi confié que son ralliement à Sarkozy n'était pas sérieux.* »

C'est bien là le problème de ce personnage. Il ne sait pas s'arrêter, même après avoir réussi son pari. Cela aurait été tout de même plus élégant de lui serrer la main. Bien au contraire, son commando ne lâche pas sa proie. Quand sa victime se lève et rejoint les coulisses, il reçoit une cinquième tarte dans la figure. La cerise sur le gâteau si je puis dire. J'apprends par la suite que cette dernière salve l'a exaspéré (ce qui est rare chez lui) et on le comprend.

Deux ans plus tard, pas rancunier, Doc Gynéco est de retour dans Village Départ, pour la dernière émission de la saison à Montereau-Fault-Yonne en Seine-et-Marne. En cette fin juillet 2009, le Doc est sur scène au théâtre à Paris dans une pièce intitulée : « Le siècle sera féminin ou ne sera pas. » Mon programmateur Thierry Colby va le chercher la veille en voiture après le spectacle, vers 23 heures : « *Le temps de traîner en coulisses et d'un large détour pour aller récupérer une copine, on arrive à une heure du matin à l'hôtel. J'étais assez énervé et inquiet pour l'émission du lendemain matin. Je leur dis en allant me coucher : "Vous faites ce que vous voulez. Demain, je viens vous chercher à 9 heures et je veux que vous soyez prêts." Je file dans ma chambre. Quelques minutes plus tard, le téléphone sonne. Je ressors de ma chambre pour avoir du réseau. Et là, je vois dans le couloir Doc Gynéco et sa copine assis par terre devant leur porte.*

– Qu'est-ce que vous faites là ?

– Ben, la carte ne fonctionne pas pour ouvrir la porte.

– Pourquoi vous n'allez pas à la réception pour la changer ?

– Mais t'inquiète pas, on n'est pas pressés.

C'est donc moi qui suis allé régler le problème à l'accueil. Je remonte, les envoie se coucher, pensant être tranquille. Mais pour couronner le tout, ils ont fumé dans la chambre et l'alarme s'est déclenchée. Autant dire que la nuit a été courte. »

Cela dit, là encore, cela ne l'a pas empêché d'être à neuf heures au petit déjeuner comme un bon professionnel.

Au-delà de toutes ces péripéties, Bruno est un garçon charmant, qui a payé cher ses engagements politiques. Comme beaucoup d'autres artistes, Faudel ou Yannick Noah par exemple. Son soutien à Nicolas Sarkozy lui a carrément coûté une partie de son public. « *Les gens sont devenus fous lorsqu'ils ont vu une photo de moi avec Sarkozy, ils avaient envie de me voir mort. Je ne savais pas qu'on pouvait tuer pour des idées* », confie-t-il sur RTL.

Aujourd'hui, il jure qu'on ne l'y reprendra plus. Quant à Noël Godin, la dernière célébrité qu'il a entartée est... Doc Gynéco. Sa carrière dans ce domaine s'est achevée dans Village Départ.

LES CHATS ACROBATES DE VATAN

J'ai découvert Vatan, dont j'ignorais l'existence, grâce au Tour de France en 2009. Il est vrai que cette commune de 2000 habitants environ, située à une trentaine de kilomètres de Châteauroux, porte un nom qui ne donne guère envie d'y séjourner.

Pourtant, Vatan est chaleureuse. Vatan est accueillante. Vatan a de l'humour. Elle est jumelée avec d'autres communes comme Mariol, Saligos, Andouillé, La Tronche, Corps Nuds, Longcochon,

Folles, Montéton, Bouzillé ou Arnac-la-Poste, ma préférée, située dans le Limousin et qui compte 23 habitants. Cette association des communes aux noms burlesques et chantants a été créée en 2003. Tous les ans, elles se réunissent dans la joie pour promouvoir leur patrimoine.

Le lieu emblématique de Vatan est incontestablement le Musée du cirque avec son festival annuel qui rend hommage à tous les grands noms de la piste (le regretté Jean Richard sera à l'affiche en 2015). Les animaux, principales vedettes du spectacle, méritaient bien un petit coup de projecteur dans Village Départ.

Nous avons donc choisi d'inviter Rocco le clown, accompagné de ses chats acrobates capables de réaliser des numéros, paraît-il, à vous couper le souffle : la trottinette endiablée, le saut de la mort et le cerceau enflammé.

À la répétition, tout se passe à merveille. Les chats s'exécutent parfaitement. Ils roulent, sautent, virevoltent sans aucun problème, obéissant au doigt et à l'œil à notre ami Rocco. Je valide donc les trois séquences et en avant le direct. Ce jour-là, mes invités sont Francis Huster et Helmut Fritz, l'interprète du tube de l'été « Ça m'énerve ». Je ne le sais pas encore, mais le fantastique show félin va tourner à la catastrophe.

Le premier chat, prénommé Marcel, ça ne s'invente pas, n'a pourtant pas grand-chose à faire puisqu'il doit avancer sur une trottinette en s'aidant de son autre patte posée sur le sol. Eh bien non ! Marcel reste stoïque. On est même obligé de le pousser pour qu'il avance. Premier fiasco. Ce n'est pas très grave, mais le pire reste à venir. Lors de la deuxième séquence, c'est Nénette, 18 ans au compteur, qui doit effectuer le spectaculaire « saut de la mort » du haut d'un ponton de quatre mètres. Une fois Nénette arrivée au sommet, les choses se gâtent : « *Allez Nénette, vas-y Nénette ! Saute ! Vas-y saute* », s'époumone Rocco.

Vous imaginez le tableau. Nénette est restée perchée, en regardant tranquillement vers le bas, mais sans la moindre envie de sauter. Ridicule.

Je garde malgré tout un vif espoir pour sauver la face avec la dernière séquence, celle du cerceau enflammé. Cette fois, c'est Kiki, 18 ans également, qui s'y colle. Je me dis qu'avec les deux années de dressage de ce chat acrobate pour réaliser cette prouesse, on a des chances d'y parvenir. Certes, ces animaux ont peur du feu, mais pas Kiki ! Le grand cerceau s'enflamme donc. Kiki est en équilibre sur une corde, comme un funambule. Il doit sauter au milieu des flammes. « *Vas-y Kiki ! Allez Kiki ! Saute !* »

Ai-je besoin de vous dire que le cercle a eu largement le temps de se consumer totalement sous nos yeux. Le bide total. Le chat est un animal indépendant, qui n'apprécie guère l'autorité, même quand il est dressé. Il nous l'a bien montré ce jour-là. L'humoriste américain Garrison Keillor remarquait fort justement que « *Les chats sont là pour nous apprendre que sur terre, tout n'a pas son utilité.* » En guise de consolation, j'ai reçu après l'émission je ne sais combien de coups de téléphone de collègues pliés de rire. C'est bien là l'essentiel.

MADELEINE AIME LES SUCETTES...

Les artistes n'ont pas le monopole de l'originalité. Quelques personnages moins connus nous ont surpris, chacun dans leur spécialité. Que ce soit les champions du monde de barbecue, de bras de fer, de voltige de pizzas, de lâcher de pigeons, de foot freestyle ou encore le mangeur d'insectes.

Une seule fois, la démonstration ne s'est pas déroulée comme prévu. C'était l'an dernier à Saint-Étienne où je recevais le recordman du monde de vitesse à VTT Eric Barone ; un cascadeur chevronné qui a travaillé aux côtés de Rémy Julienne et réalisé, dans le film de Luc Besson « Taxi », le fameux saut périlleux arrière en scooter. Une première mondiale à l'époque. Dans Village Départ, ce colosse a donc tenté la même cascade en VTT, mais au lieu de retomber sur ses deux jambes, il s'est écrasé sur le dos comme une crêpe. J'entends encore le bruit du mastodonte qui s'échoue sur le bitume.

Heureusement sans mal, avec seulement quelques égratignures. Ne voulant pas rester sur un tel échec, il est immédiatement remonté sur son vélo avec cette fois le saut parfait à l'arrivée. Cet épisode inattendu nous prouve malgré tout que le direct ne pardonne pas, même aux meilleurs.

En cuisine, nous avons reçu les sosies de Johnny Hallyday et de Michel Sardou pour concocter une ratatouille à Cagnes-sur-Mer. Johnny Vegas a allumé le feu de sa cuisinière et Serge Cardu a déclaré « Je vais t'aimer » à ses légumes. Leur ressemblance avec ces deux monuments de la chanson française est saisissante. Vincent alias Johnny Vegas a déjà à son actif plus de 1 500 concerts dans la peau de son idole : « *Je l'ai croisé une fois dans un restaurant à Paris. On s'est regardé, mais j'ai su rester à ma place.* » J'imagine la tête de Johnny à ce moment-là.

Né la même année que Sardou, Serge Cardu a vieilli avec la star, suivant scrupuleusement l'évolution de son look depuis bientôt quarante ans. Sur le plateau, il interprète « Être une femme » en surveillant sa casserole pendant que Vegas se coupe le doigt. Du grand n'importe quoi comme on aime.

Cerise sur la ratatouille, c'est Francesco, le double de Sean Connery qui a goûté les plats à la fin et désigné vainqueur Johnny Vegas, les mains levées avec son pansement.

Notez pour la petite histoire que certaines vedettes sont elles-mêmes des sosies d'autres vedettes. Dave ressemble à Michael Douglas, Roland Magdane à l'humoriste italien Beppe Gripo et Julien Lepers à Michael Keaton. Rien d'étonnant après tout, puisque nous avons tous un sosie dans le monde, paraît-il.

Restons dans le domaine de la cuisine avec Marcel Lesoille, quintuple champion du monde d'ouverture d'huîtres. Ce sympathique Breton est capable d'en ouvrir 38 en une minute. Un record qu'il n'a d'ailleurs pas réussi à battre dans Village Départ en raison d'un mollusque récalcitrant qui lui a fait perdre beaucoup de temps. Seul un marteau piqueur aurait été nécessaire pour en venir à bout.

Pour le Téléthon, c'est 12 000 huîtres qu'il a séparées en deux en trente heures non-stop. Qui dit mieux ? Quand on pense qu'en ouvrir une douzaine est déjà un supplice pour la plupart d'entre nous. Même les yeux bandés ou les mains dans le dos, Marcel réussit sa tâche sans se blesser. Le résultat d'un entraînement digne d'un sportif de haut niveau : « *Je parcours 10 000 kilomètres par an à vélo. En montée, je me mets en danseuse et c'est comme cela que je prépare mes épaules et mes poignets, mais aussi mon souffle.* »

Marcel est tombé dans la bourriche dès l'adolescence. Son truc pour épater les filles, ce n'est pas se mettre du gel dans les cheveux ou du parfum sur son corps, non, lui préfère ouvrir des huîtres. Devenu cuisinier, il est alors repéré par Paul Bocuse qui l'inscrit au Championnat du monde des écaillers. Un concours relevé qu'il remporte haut la main.

Des huîtres, Marcel en a ouvert pour tous les présidents et pour différentes stars comme Johnny Hallyday, Céline Dion ou Luciano Pavarotti : « *Le ténor italien utilisait les huîtres pour sa voix. Souvent, il m'appelait pour que je lui en apporte et que je les ouvre. Il mettait dans sa bouche la deuxième eau et se gargarisait avec tous les matins. Cette technique lui faisait beaucoup de bien.* »

Enfin, on a compris pourquoi Pavarotti chantait si bien.

Autre spécimen curieux, le Britannique Tommy Mattinson, quinze fois champion du monde de grimaces, qui a fait sa première télévision française dans le Village Départ de Leeds. C'est Jérémy Augereau, la moitié de Carinne Teyssandier, qui nous a dégotté cette étrange créature en Angleterre. Son visage qu'il transforme de la manière la plus laide possible fait sa fortune depuis des années, à l'image de son père, auréolé de onze couronnes mondiales dans cette discipline très réglementée. Il est interdit par exemple de tirer la langue ou de gonfler les joues. Dans les concours, certains utilisent leur dentier retourné, ce qui est autorisé, pour marquer des points. Tommy, lui, prend l'apparence d'une sorte de loup-garou en contorsionnant son nez et sa bouche. C'est la base de son succès à travers le monde, jusqu'à Hollywood où la télévision américaine l'a accueilli à bras ouverts.

Seule la reine d'Angleterre Élisabeth II, qui l'a croisé par hasard en pleine action dans un musée, n'a pas du tout apprécié l'humour physique de ce garçon. Le prince Philip, plus distant, lui confiera au passage : « *Ne le faites pas trop longtemps ou votre visage restera comme ça.* »

Pourtant la Grande-Bretagne est connue pour son excentricité. On y célèbre en juin le championnat mondial de bras de fer... avec les doigts de pieds. Les concurrents croisent leur gros orteil jusqu'à ce que celui de l'adversaire touche le sol. Les créateurs de ce

« sport » ont même tenté de l'inscrire aux Jeux olympiques. Sans succès, vous vous en doutez. En juillet, place au concours mondial de mangeurs d'orties. Le meilleur en a mâché et avalé 74 en une heure, tout en humidifiant sa bouche avec de la bière pour se prémunir des piqûres. Une manière de mêler l'inutile à l'agréable.

N'oublions pas enfin l'incontournable concours du fromage qui roule. Un représentant local lance le long d'une colline un gros fromage de trente centimètres de diamètre que les concurrents doivent rattraper. Le vainqueur repart à la maison avec des bleus partout sur le corps et le fromage en question, plein de boue. Une année, un Espagnol a fini la jambe cassée, mais sans en faire un fromage.

Toutes ces manifestations attirent des foules considérables en Angleterre. En France, on trouverait cela ridicule. En fait, ce qui nous amuse semble plutôt situé en dessous de la ceinture, mais sans vulgarité.

À ce propos, celle qui trône au panthéon de Village Départ est incontestablement Madeleine, la spécialiste de la sucette. Madeleine Mahieu est adjointe au maire de Vitry-en-Artois dans le Pas-de-Calais et membre de la confrérie de la Pomme d'amour. Cette association, créée en 2004, a pour but de promouvoir la confiserie locale et cette fameuse sucette en particulier. C'est Fabien Lecoeuvre qui juste avant l'émission d'Arras me suggère de la faire intervenir quelques minutes à l'antenne : « *Madeleine trouve que les gens ne savent pas sucer. Elle va leur expliquer comment faire. Tu vas voir, c'est très intéressant.* »

J'avoue être dubitatif devant cette proposition, mais en découvrant le personnage, mes doutes se dissipent rapidement. Madeleine est une dame d'une soixantaine d'années, à l'apparence sérieuse avec ses lunettes et son brushing. Mais d'entrée, elle nous dévoile ses talents d'oratrice :

« – *Madeleine, vous êtes la spécialiste de la sucette, c'est cela !*

– *Tout à fait ! Spécialiste de la pomme d'amour ! Je vais vous montrer comment la sucer pour bien l'apprécier.* »

Madeleine nous présente alors une sucette géante fabriquée par un confiseur local à l'occasion du Tour de France.

« – *Elle est magnifique. Mais pour la sucer celle-là, il faut être à plusieurs.*

Le ton est donné. La suite est magnifique.

« – *Vous sucez tous les jours ?*

– *Je suce tous les jours oui. Matin, midi et soir.*

– *Il y a plusieurs tailles ?*

– *Il en existe des grosses, des petites et des moyennes. Je vais en sortir une petite. D'abord, on la tient entre les doigts. Délicatement, on enlève ce qui l'entoure. Parfois, ça colle un peu. Voilà donc la Pomme d'amour, elle apparaît rouge comme l'amour, rouge comme le feu. Doucement, vous l'approchez de la bouche. On ne sait pas par quel côté commencer. Avec la langue, on tourne autour. C'est délicieux, on a le goût de l'anis. Ensuite, doucement, vous l'enfoncez et vous la dégustez. Je peux vous assurer que c'est très bon.* »

Cette séquence de trois minutes a fait le bonheur de tous les bêtisiers de Noël sans exception. Ce qui est extraordinaire, c'est que Madeleine à aucun moment ne tombe dans le graveleux. Avec un tel sujet, il y avait pourtant matière à déraper. Pendant l'interview, j'ai tenté par tous les moyens de garder mon sérieux malgré l'envie irrésistible de partir en fou rire. En vain.

Apparemment, sa prestation a été diversement appréciée à Vitry-en-Artois. Harcelée la nuit par des coups de fil intempestifs, Madeleine a dû changer de numéro de téléphone et passer en liste rouge. À la mairie, certains lui auraient reproché l'image un peu grivoise qu'elle a renvoyée de la commune. Comme disait Franck Somkine : « *L'humour, c'est lorsque l'on rit d'une connerie. La connerie, c'est lorsqu'on se sent concerné par cet humour.* »

LES ROIS DE L'IMPRÉVU

VIENS VOIR LES COMÉDIENS...

En 2005, Anémone nous a présenté son fidèle petit chien dont elle ne sépare jamais, un adorable chihuahua qui répond au doux nom de « Turlutte » : « *C'était l'année des T quand je l'ai acheté !* » me sort-elle tout naturellement.

Vous me direz, Magloire a bien surnommé le sien « Place Vendôme ». Un nom à coucher dehors.

Anémone est une actrice simple et sympathique, qui ne connaît absolument rien au vélo. Je me demande si elle a vu une image du Tour de France dans sa vie. Les noms ou les expressions que je cite dans l'émission lui font le même effet qu'une thèse sur le néo-structuralisme et la conception sémiotiques de la temporalité. Ce qui ne l'empêche pas de jouer le jeu et d'assister au départ des coureurs avec bonheur. Comme une enfant qui découvre un univers étrange et merveilleux.

En revanche, Michel Boujenah est un féru de vélo qui a vécu une aventure inoubliable avec un copain lors d'une étape dans le sud de la France : « *Ce jour-là, on était un peu en avance sur le peloton. À un moment donné, sur le bord d'une route, des personnes me reconnaissent et nous disent "Venez prendre un pastis avec nous." C'était super sympa parce que leur maison était perchée légèrement au-dessus de la route. Ils nous ont installé une table, ils nous ont fait des pâtes au pistou et on remettait tournée sur tournée. Quand les coureurs sont arrivés, ils m'ont vu en train de manger mes pâtes pendant que je leur faisais signe, complètement bourré. Il y en a même un qui a failli tomber en me voyant.* »

Dans cette émission, Michel Boujenah enchaîne les anecdotes avec bonheur. Comme celle du camping-car qu'une personne du public lui demande de nous raconter : « *J'ai loué récemment un camping-car. Chose que je n'avais jamais faite de ma vie, car ce n'est pas du tout mon truc. Même planter une tente, je ne sais pas faire. J'arrive donc à un péage d'autoroute et je choisis naturellement la section où l'on peut payer en carte de crédit. Ce que j'ignorais, c'est que cette file était réservée aux voitures qui sont beaucoup plus basses qu'un camping-car. Quand je me suis approché pour payer, j'ai entendu un énorme "Crrrrrrrrrrrr". Ma femme me dit : "Je crois qu'il faudrait que tu t'arrêtes, y a un truc qui n'est pas normal." (rires) C'est rare effectivement dans un véhicule que le bruit vienne du haut, au-dessus de ta tête. Autant vous dire que le camping-car venait de se transformer en cabriolet.* »

Les gaffes, Chantal Ladesou les accumule aussi avec une régularité de métronome. À chacun de ses passages dans Village Départ, elle oublie son sac dans la loge ou perd son portable, engueulant au passage son mari Michel, son souffre-douleur : « *Il est insupportable, mais je l'aime que voulez-vous !* »

Ces deux-là se connaissent depuis déjà quarante ans. Leur histoire a commencé évidemment par une boutade : « *Je l'ai rencontré lorsque j'étais hôtesse dans un théâtre et j'ai tout de suite eu le coup de foudre. Je l'ai invité à dîner dans l'appartement que je partageais avec un ami homosexuel prénommé Serpolet, qui avait préparé un bon pot-au-feu. Quand Michel a sonné à la porte, Serpolet est allé lui ouvrir et devinez quoi, lui aussi a eu le coup de foudre. Il est venu me voir dans la cuisine pour me dire : « Si tu le prends pas, moi je le prends.* »

Une consigne qu'elle respectera à la lettre. Michel deviendra aussi son manager et son sujet favori sur scène : « *Il rit tous les soirs à mon spectacle alors qu'il en prend plein la tête. Soit il est neuneu, soit de mauvaise foi totale.* »

Chantal Ladesou adore venir sur le Tour de France. Native de Roubaix, elle est dans son élément au milieu des cyclistes, comme beaucoup de nordistes. Petite, elle n'a jamais raté un seul Paris-Roubaix, juchée sur les épaules de son père.

Fred Testot a vécu une expérience un peu particulière sur le Tour. À ses débuts, il y a vingt ans, le comédien et humoriste conduisait la voiture du journaliste de Fun Radio chargé de suivre la course : « *On faisait la fête tous les soirs et le lendemain matin, les réveils étaient très difficiles. Du coup, on était tellement en retard pour rejoindre la ville d'arrivée que j'étais obligé de prendre les autoroutes en dépassant largement les limitations de vitesse. Pendant ce temps, mon collègue journaliste qui ne savait pas ce qui se passait durant l'étape écoutait France Info pour pouvoir faire ses flashs à l'antenne.* »

C'était au siècle dernier. Les radios musicales s'intéressaient au sport et les radars étaient beaucoup moins nombreux sur les routes. Aujourd'hui, je n'envie pas le travail de nos chauffeurs qui parcourent des milliers de kilomètres en trois semaines, les yeux rivés sur le compteur pour ne pas se faire flasher. Un calvaire. Comme dit Christophe Alévêque : « *Avec tous ces radars qui se multiplient, on est surs d'arriver vivants, mais ruinés* ».

PHILIPPE GILDAS

C'est en voisin que Philippe Gildas nous retrouve dans le Village Départ de Porto Vecchio.

L'ancien présentateur de « Nulle part ailleurs » passe tous ses étés dans la région avec Maryse, ravie elle aussi du passage du Tour pour la première fois. Maryse se souvient d'une arrivée à l'Alpe d'Huez, qu'elle suivait avec Jean Amadou pour Europe 1. L'image du dernier coureur en larmes au milieu des papiers qui volent dans un désert de micros l'a beaucoup frappée.

Plus joyeux, Philippe nous raconte l'histoire d'Abdel Kader Zaaf, le seul coureur noir du peloton qui était l'attraction du Tour en 1950 : « *C'était un costaud qui s'échappait en permanence. Il n'allait pas très loin, mais il animait les courses comme personne. Un jour de canicule, entre Perpignan et Nîmes, des spectateurs lui ont donné un bidon pour se rafraîchir, mais au lieu d'y mettre de l'eau, ils l'avaient rempli de vin. Lui qui ne buvait pas une goutte d'alcool s'est mis à zigzaguer et à aller directement dans le fossé, s'échouant contre un platane. Deux policiers l'ont remis en selle, mais le gag, c'est qu'il a retourné son vélo pour repartir dans le mauvais sens. Le temps de faire quelques mètres, voilà qu'il s'écroule à nouveau sur le bitume bouillant. Le médecin du Tour se précipite afin de le secourir et constate qu'il sent le vin : "Eh bien, Abdel, t'es saoul ? Toi un mu-*

sulman !". Le pauvre garçon n'avait rien compris à ce qui s'était passé. Il abandonna la course. »

Sa mésaventure fit le bonheur des journalistes et de l'intéressé. Zaaf devint célèbre grâce à cette anecdote, ses contrats d'après-tour se multipliaient. Son histoire fait partie de ces légendes qui avec le temps ont largement été romancées. En réalité, Zaaf sous cette chaleur torride s'était tout simplement effondré sur la route. Et des vignerons de passage l'ont aspergé de vin rosé, seul liquide qu'ils avaient à disposition pour le rafraîchir. Le coureur sentait donc bien l'alcool, mais n'en avait pas bu une goutte. Ce qui paraît plus plausible. On dit aussi que les amphétamines ne seraient pas pour rien dans cette défaillance. Allez savoir. Après tout, légende ne veut pas forcément dire vérité.

J'en profite pour vous relater une autre scène insolite qui s'est déroulée lors de ce même Tour de France 1950, le Tour de la canicule. Durant l'étape Toulon-Menton du 29 juillet, les coureurs traversent le bord de mer de Sainte-Maxime. Ils sont anéantis par la chaleur. C'est alors qu'un coureur nommé José Beyaert, ancien champion olympique, lance à ses collègues : « *Eh les gars, si on allait se baigner ?* » Sans hésiter, le peloton pose ses vélos et tout le monde part faire un plongeon dans l'eau. Du jamais vu. Certains se jettent même à la mer avec leur bicyclette.

Personne n'a été pénalisé dans l'histoire, car les coureurs étaient trop nombreux. Mais excédé, Jacques Goddet, directeur du Tour, dira à l'arrivée : « *Aujourd'hui, le peloton était en grève.* » C'était l'époque où les coureurs manquaient peut-être de professionnalisme, mais pas de panache et d'originalité.

LE BRAQUAGE DE GÉRARD LENORMAN

Gérard Lenorman a vécu une réelle frayeur alors qu'il faisait le plein d'essence dans une station-service. Il nous raconte l'anecdote qui a failli mal tourner : « *J'étais tranquillement en train de remplir le réservoir de ma voiture lorsque j'entends des hurlements dans un bar au loin. Je monte sur un petit fossé pour regarder ce qui se passe et je vois des gens se faire attaquer par un groupe de types cagoulés. J'hésite à intervenir, car je ne sais pas me battre, c'est mon problème. En même temps, je me dis que je ne peux pas laisser ces personnes dans l'embarras. Je fonce donc dans le bar. Évidemment, je me prends une bonne dose de gaz lacrymogène dans les yeux, mais mon intervention a déstabilisé les voyous. Paniqués, ils ont pris la fuite et sont remontés dans leur voiture. La dame était rivée à sa caisse, je pense qu'elle serait morte pour la protéger. Je suis quand même resté enfermé trois jours pour m'en remettre.* »

Gérard est l'un des plus fidèles de l'émission. Même quand ça ne l'arrange pas, il répond à notre invitation en toute amitié. En fan absolu, j'adore lui chanter des chansons peu connues de son répertoire, de véritables perles enfouies dans son répertoire. Son album de duos sorti en 2011 et vendu à près de 500000 exemplaires lui a enfin apporté la reconnaissance qu'il méritait de la part du métier et que le public lui a toujours témoignée. Il suffit de voir le bonheur des gens autour du plateau quand il interprète « Voici les clés », « La ballade des gens heureux » ou « Gentil dauphin triste » pour comprendre. Pour la petite histoire, le « Dauphin » était destiné au départ à Claude François qui venait de sortir un album pour enfants, mais Gérard n'a pas osé lui proposer : « *Quand je lui ai avoué après coup que la chanson était pour lui, il m'a fait une véritable crise. Il me dit : "Combien tu en as vendu ? 700000 ! Moi j'en aurais fait quatre fois plus." Il était très énervé ce jour-là.* »

D'autant plus que l'année précédente, en 1975, Cloclo a laissé passer sous son nez « L'été indien » qui a fait le bonheur de Joe Dassin. « Gentil dauphin triste » est une réponse cinglante au film de Spielberg « Les dents de la mer » qui terrorise des millions de spectateurs. Mais le public, plutôt habitué au romantisme de l'artiste, la considérera simplement comme une belle mélodie de vacances.

« Moi le Gentil Dauphin, je n'y comprends rien
Pourquoi tout ce fracas, ce cinéma
Pour un poisson bidon, un requin de carton
Allez, sois chouette, envoie-moi ton ballon. »

Ironie de l'histoire, Gérard écrira en 1980 une chanson intitulée « Frédéric et l'ovni », l'histoire d'un petit garçon qui sympathise avec un extra-terrestre. Deux ans plus tard sortira sur le même thème le film « E.T. », signé... Steven Spielberg.

La seule fois de sa vie où Gérard Lenorman a demandé un autographe à quelqu'un, c'est en venant nous voir sur le Tour de France. En croisant Raymond Poulidor, il n'a pas résisté. Comme tant d'autres artistes, fans de Poupou. J'ai toujours été impressionné par la fascination que Raymond dégage auprès des chanteurs. Tous ont conscience de saluer une légende vivante.

Cela dit, même une légende peut subir quelques désagréments. Stéphane Plaza, enfant, était juché sur les épaules de Poulidor lorsqu'il eut une envie pressante : « *C'est tout à fait vrai. Mon père connaissait très bien Poupou. Assis sur ses épaules, je n'ai pas pu m'empêcher de lui faire pipi dessus... Je me souviens aussi qu'Eddy Merckx m'avait offert son maillot, j'étais très fier.* »

Le célèbre agent immobilier de M6 a baigné toute son enfance dans le cyclisme, au plus près des champions. J'ai rarement reçu des confrères d'autres chaînes, mais Stéphane était incontournable. Il a volontiers accepté notre invitation pour faire plaisir à son père Raymond, ancien coureur professionnel et très bon pistard, avant de devenir dirigeant du club de Puteaux. Son grand-père était aussi dans la partie, comme mécanicien de Charly Gaul, vainqueur du Tour en 1958. Tous les ans en juillet, Stéphane s'invente de faux rendez-vous l'après-midi pour suivre les étapes à la télé. Grâce à Village Départ, il a pu vivre l'événement pour la première fois de l'intérieur. Avec des yeux d'enfant, il s'est promené un peu partout dans le village, jusque dans le car des équipes professionnelles où il a parlé technique avec les coureurs, notamment Thomas Voeckler.

JEAN-PIERRE CASTALDI DANS « LES BRONZÉS FONT DU SKI »

À partir de la saison 2011, nous avons pris la décision d'être en direct les jours de repos des coureurs et de ne plus diffuser de « best of. » Le 11 juillet, l'émission se déroule donc dans la station auvergnate du Lioran et, pour pimenter l'antenne en l'absence d'étape, j'avais concocté un petit gag avec la complicité de notre invité, le comédien Jean-Pierre Castaldi :

« – *Cette émission commence très mal Mesdames Messieurs. J'avoue que nous sommes très inquiets, car notre invité d'honneur, Jean-Pierre Castaldi, est bloqué sur un télésiège juste derrière nous, à dix mètres du sol. Racontez-nous ce qui se passe Jean-Pierre ?*

– J'ai pris la remontée mécanique tout à l'heure pour admirer ce magnifique paysage et je suis coincé, la remontée n'arrive pas à

redémarrer. Ça fait un quart d'heure que je suis à l'arrêt et ça commence à être long.

– Vous ne pouvez pas sauter ?

– Non, mais ça va pas, tu as vu où je suis. Il est fou celui-là ! »

L'image en direct est magnifique et très drôle. Tout le monde songe à Michel Blanc dans « Les bronzés font du ski », chantant pour se réchauffer « Quand te reverrais-je, pays merveilleux... »

Au-delà du gag, cette séquence a été montée de toutes pièces pour expliquer concrètement le travail remarquable des gendarmes de haute montagne.

« *– Jean-Pierre, on va venir vous chercher par hélicoptère !*

– Vous savez que je fais 115 kilos quand même !

– On ne va pas vous hélitreuiller, mais vous descendre du télésiège et quelqu'un vous réceptionnera à l'arrivée ! »

À mes côtés, le Lieutenant Patrick Boué rassure à distance notre invité qui entend tout ce que l'on dit. L'opération de sauvetage n'est pas dangereuse pour lui. En revanche, pour le secouriste qui descend de l'hélicoptère par un câble, le temps est compté au moment où il rejoint Jean-Pierre. Il doit se décrocher rapidement du treuil de l'hélicoptère pour éviter une éventuelle aspiration de l'engin vers le haut qui entraînerait soit la section du câble, soit le crash de l'hélicoptère.

« *Ah ! là, pour une fois, je suis content de voir un gendarme !* », s'exclame notre victime consentante qui, comme un alpiniste, descend de son télésiège bien harnaché malgré son poids imposant.

J'en profite pour le charrier encore :

« – *Lieutenant, moi je ne comprends pas qu'il n'ait pas voulu sauter !*

– *Beaucoup de gens disent aux personnes coincées de le faire, mais je le déconseille formellement. Avec les chaussures de ski très rigides, on risque la rupture du tibia, voire le tassement de la colonne vertébrale.* »

À peine réceptionné, Jean-Pierre nous rejoint enfin sur le plateau pour nous faire part de ses impressions, et pour accessoirement faire la promo de son dernier spectacle au théâtre. Ironie de l'histoire, la pièce signée Sacha Guitry s'appelle : « Tu m'as sauvé la vie », la bien-nommée, crée en 1954 et dans laquelle il reprend le rôle de Fernandel.

Jean-Pierre Castaldi est un amoureux de la vie et de la bonne chère. Quand il goûte les plats du jour pour désigner le candidat vainqueur, il engloutit littéralement tout ce qu'il y a dans l'assiette. C'est d'ailleurs le seul invité que j'ai vu s'arrêter à tous les stands dans le village des coureurs pour déguster un petit vin de soif comme il dit. Un plaisir qu'il partage avec son ami, son « frère », Gérard Depardieu. Lors du tournage d'« Astérix et Obélix contre César », les deux hommes utilisaient le même réfrigérateur pour recevoir leurs amis. Inutile de vous dire qu'il était bien rempli et qu'il n'y avait pas d'eau minérale à l'intérieur.

Je le vois dans ses yeux, Jean-Pierre fulmine contre les attaques répétées envers son vieux pote. Il sait bien, comme tous ses proches, que la perte de son enfant lui a été fatale : « *Gérard est mort le jour où Guillaume nous a quittés* (le 13 octobre 2008). *Avant cela, quelques garde-fous le retenaient encore dans un monde raisonnable, mais ils ont explosé ce jour-là. Il a tout perdu. C'est pour cela qu'il ne faut pas lui faire de mal. C'est un mec formidable et un grand artiste.* »

En pleine polémique concernant son exil fiscal, Castaldi n'hésite pas non plus à prendre sa défense : « *À un moment donné, il en a eu marre de donner autant d'argent à l'état et il s'est barré. Gérard a payé ses impôts en France pendant quarante ans. Il tourne encore quatre à sept films par an et fait travailler des équipes entières. Sans lui, beaucoup de films ne se font pas, ne se vendent pas. Sans compter ses vignobles et ses restaurants. Il est aussi gros que généreux. Mais j'ai peur qu'un jour, il implose.* »

Aujourd'hui, Gérard Depardieu tourne toujours autant, mais le succès n'est plus vraiment au rendez-vous. Jean-Pierre Castaldi traverse lui aussi une mauvaise passe. Selon lui, les grandes gueules sont en voie de disparition : « *C'est passé de mode. Maintenant, il faut être normal* (allusion non feinte au président Hollande). »

À 70 ans, les propositions de rôles sont de plus en plus rares et les fins de mois difficiles. « *Je ne vais pas faire pleurer, je ne suis pas dans la misère. Je suis propriétaire de mon appartement, même si je songe à le vendre pour plus petit* » dit-il un peu amer dans le Figaro, tout en relativisant sa situation. Pour tous les artistes, un passage à vide de quelques semaines est toujours terriblement mal vécu. Certains comme Jean-Pierre s'épanchent parfois dans la presse. Puis un nouveau projet, un nouveau contrat arrivent et le moral revient. Castaldi, comme tant d'autres, poursuivra sa carrière jusqu'à son dernier souffle, entraîné par la passion intacte qui l'anime depuis cinquante ans.

LES RADARS D'HENRI SANNIER

Impossible de venir à Abbeville sans recevoir Henri Sannier. Mon confrère journaliste est en effet le maire de la petite commune d'Eaucourt-sur-Somme, 400 habitants, située à seulement quatre kilomètres de notre plateau.

Henri règne sur ses administrés depuis 1977, un sacré bail. À l'époque, il n'a que 29 ans lorsqu'il succède à son père André, après quatre mandats consécutifs de ce dernier. Autant dire qu'à Eaucourt-sur-Somme, les Sannier sont indétrônables depuis plus de soixante ans. Ici, tout le monde tutoie le maire et s'adresse à lui sans prendre de gants : « *Être maire, cela remet les pieds sur terre. J'arrive de Paris le jeudi soir avec plein de certitudes et on m'engueule. On me dit qu'il faut faire ceci, cela. Toutes les semaines, j'ai une obligation de résultat aussi forte qu'à l'antenne avec l'audimat.* »

Le créateur du « 19/20 » sur France 3, présentateur de l'émission « Tout le sport », est très engagé dans la lutte contre l'insécurité routière. Mais la mésaventure qu'il a vécue quelques mois avant l'émission l'a quelque peu refroidi : « *Un jour, une compagnie d'assurance bien connue vient me voir pour me proposer d'installer un radar pédagogique qui fonctionne à l'énergie solaire. En cas d'excès de vitesse, au lieu de flasher, l'appareil devait délivrer un message du type : "Attention, vous allez trop vite" ou "Là, vous auriez perdu deux points." Seulement voilà, la personne qui a posé le radar a voulu s'amuser un peu et a introduit un tout autre message : un énorme "Fuck you" qui a surpris plus d'un automobiliste en excès de vitesse. J'avoue que je ne m'étais aperçu de rien jusqu'à ce qu'on me signale cette petite plaisanterie. Je comprends la colère de tous ces gens qui se sont fait insulter en arrivant dans ma commune. Qui plus est, cette route est très empruntée par les Anglais et j'ai dû évidemment m'excuser auprès d'eux.* »

Tout est rapidement rentré dans l'ordre et l'employé de la société qui a fabriqué le radar a été convoqué par sa direction.

Pour mémoire, Henri Sannier a présenté « Sur la route du Tour », l'ancêtre de Village Départ à 10h50 sur France 3. Il a notamment reçu Bernadette Chirac, à l'époque première dame de France, et Arnold Schwarzenegger à l'occasion de la sortie de « Terminator 3. » L'acteur américain posera ensuite sur le podium de l'arrivée à Toulouse en compagnie du maillot jaune, son compatriote et ami Lance Armstrong, qui l'a convaincu de venir sur le Tour, comme d'autres stars hollywoodiennes. Dix ans plus tard, Schwarzy sera l'un des premiers à inciter le champion déchu à dire toute la vérité : « *Les gens sont indulgents quand vous reconnaissez vos erreurs, mais ils ne pardonnent pas le mensonge.* »

L'ex-gouverneur de l'état de Californie parle en connaissance de cause, car lui-même a dû faire face à des scandales à répétition concernant sa vie privée. Depuis la chute du champion texan, on a plus revu de stars américaines sur la Grande Boucle.

KAMINI – MARLY GOMONT

Marly-Gomont est une commune tranquille de 425 habitants, située en Picardie et devenue célèbre dans toute la France grâce à un jeune rappeur black prénommé Kamini. Un beau jour, ce fils de médecin qui suit des études pour devenir infirmier décide de raconter de façon caustique son quotidien à la campagne et les difficultés à vivre au sein de la seule famille noire du village. La chanson s'appelle tout simplement « Marly-Gomont » :

« À Marly-Gomont, y a pas d'béton
65 ans la moyenne d'âge dans les environs
Un terrain d'tennis, un terrain d'basket
Trois jeunes dans l'village, donc pour jouer
c'est pas chouette
J'viens d'un village paumé dans l'Aisne,
en Picardie
Facilement 95 % de vaches, 7 % d'habitants,
et parmi eux
Une seule famille de noirs, fallait qu'soit
la mienne, putain un vrai cauchemar ! »

Avec la modique somme de 150 euros, Kamini tourne son clip en trois jours à l'aide d'une caméra DV. Une fois la vidéo achevée, toutes les maisons de disque refusent la chanson, mais certains dirigeants ont la bonne idée, pour soutenir le jeune homme, de la diffuser sur Internet. Résultat : quatre millions de vues. Un triomphe. Le magazine américain *Time* le classe même parmi les 15 personnalités mondiales de l'année 2006.

Quelques mois plus tard, l'étape picarde du Tour de France part de Villers-Cotterêts, à une centaine de kilomètres de Marly-Gomont. Kamini, nouvelle vedette du net, est tout naturellement mon invité. Il nous raconte avec bonheur le tournage de son clip :

« – Ce sont les trois plus beaux jours de ma vie. On a fait ça avec mes potes et à l'arrivée, on termine disque d'or. J'ai même décroché le prix du clip de l'année aux Victoires de la musique.

– Vous êtes né sur le web en fait ?

– Exactement. C'est le chemin de mon parcours artistique. »

Mais le succès de la chanson a un prix pour la commune. Les panneaux Marly-Gomont situés à l'entrée du village sont volés par des fans à chaque fois qu'un nouveau est installé en remplacement. La maire de l'époque, Odile Gourdin, va rapidement déchanter : « *Le département n'a pas vocation à remettre des panneaux. À 300 ou 400 euros pièce, ça commence à faire cher.* »

Kamini lui-même n'en revient pas : « *On pique même les panneaux aux alentours où c'est marqué "Marly-Gomont : 5 kms." C'est hallucinant !* »

Pour résoudre le problème, de nouveaux panneaux en béton armé, de deux mètres de haut sur un mètre cinquante de large et pesant 1,5 tonne, sont posés à l'entrée du village. Une décision radicale, mais efficace. Désormais, personne ne peut y toucher.

Depuis cette émission, la carrière de Kamini s'est avérée beaucoup plus discrète. En 2012, il réagit publiquement lorsque Marine Le Pen arrive en tête du premier tour de la présidentielle à Marly-Gomont. L'homme s'est résigné, sa chanson n'ayant pas vraiment changé les mentalités. Aujourd'hui, il continue d'arpenter les scènes de France avec un one-man-show humoristique « Il faut que je vous explique » dans lequel il raconte avec autodérision son ascension fulgurante et sa traversée du désert.

D'autres chanteurs comme Grégoire ou Joyce Jonathan se feront connaître grâce à la toile et au site « My Major Company ». Les dons des internautes leur permettront d'être révélés au grand jour. Dans le cas de Grégoire, 70 000 euros ont été collectés pour la réalisation du disque « *Toi + moi* ». Les donateurs qui pouvaient miser entre 10 et 6 000 euros récupéreront vingt fois leur mise initiale grâce au succès de l'album vendu à plus de 1 200 000 exemplaires.

Un peu plus tard, un autre artiste succédera à Kamini dans sa spécialité, à la frontière entre le rap et la variété populaire. Un certain Stromae.

RACHID ARHAB ET SON CROCO

En 2007, l'ancienne championne de ski Marielle Goitschel et Rachid Arhab sont mes invités à Semur-en-Auxois, près de Dijon. Cette année-là, l'ex-présentateur du journal de 13 heures de France 2 vient d'être nommé membre du CSA, le Conseil supérieur de l'audiovisuel. Prenant très à cœur sa nouvelle mission, il nous détaille amicalement les règles à tenir dans Village Départ : « *Il ne faut pas choquer le public comme hier avec Philippe Candeloro et Clara Morgane* (dans l'émission de Chablis où Candeloro avait, comme à son habitude, "chauffé" l'ex-star du X [ndla]). *Il ne faut pas faire de publicité clandestine non plus.* »

Alors qu'au même moment la caravane publicitaire du Tour passe juste derrière nous ! : « *Ça, ce n'est pas clandestin, c'est au grand jour. De même, il faut parler d'alcool avec modération* », nous explique très sérieusement Rachid.

Des contraintes que nous respectons au mieux, mais qui ne sont pas toujours évidentes dans une émission en direct qui vante les mérites des produits régionaux comme le vin ou le champagne. De bien belles paroles donc.

Le plus drôle dans l'histoire, c'est que notre gendarme de

l'audiovisuel nous explique tout cela vêtu d'un magnifique polo Lacoste avec son célèbre croco bien en vue. Une pratique totalement interdite... par le CSA. Rachid s'en aperçoit assez vite en voyant son image sur l'écran de contrôle. La scène est assez cocasse. Tout le reste de l'émission, je le vois tenir son micro dans la main droite et relever son bras gauche assez maladroitement pour cacher le logo.

Je ne lui ai pas fait la remarque à l'antenne, car Rachid est un homme vraiment sympathique, un grand pro de la télé, mais qui vraisemblablement n'avait pas encore intégré tous les principes qu'il défend. Comme on dit souvent, les conseilleurs ne sont pas les payeurs.

DRÔLES D'OISEAUX

AU PAYS DES FRANCIS

Ce qui est merveilleux chez la plupart des artistes, c'est ce mélange de sensibilité, d'originalité et parfois de folie. Prenons l'exemple de Francis Huster.

Invité à Vatan en 2009, le comédien est en pleine répétition de « La traversée de Paris », la pièce qu'il va jouer à la rentrée aux Bouffes Parisiens. À l'arrière de la voiture qui l'emmène sur le plateau, Francis dit à mon programmateur Thierry Colby : « *Tiens, je vais te faire un petit extrait de la pièce !* »

Colby ne se doute pas de ce qui l'attend : « *Ça a duré tout le trajet. Pendant plus d'une demi-heure, je l'ai entendu réciter son texte. Je ne savais plus si je devais rire ou pleurer. Il était à côté de moi dans la voiture, mais lui se croyait sur scène.* »

Francis Huster est un véritable passionné de sport. Tous les jours, il stoppe les répétitions vingt minutes avant l'arrivée du Tour. Impossible pour lui de manquer le dénouement d'une étape.

Ce jour-là, je reçois également le fameux Helmut Fritz qui cartonne avec son tube « Ça m'énerve », une satire contre les bobos parisiens. Le titre très efficace se classe numéro un des ventes tout l'été. Helmut, de son vrai nom Eric Greff, s'est créé un personnage farfelu qui aurait soi-disant hérité de son arrière grand-oncle, le Baron Titten von Fritz, mort piétiné par un sanglier. Sur le plateau, il nous raconte son parcours imaginaire avec un accent allemand très prononcé. Je l'accompagne volontiers dans son délire :

« – *Comment avez-vous vécu ce drame ?*

– Très mal. Je ne m'en suis pas encore remis, je suis toujours traumatisé par ce qui est arrivé à mon grand-oncle.

– Pourtant, vous étiez le seul héritier de la famille. Et vous avez touché 300 millions de Deutsche Marks, c'est bien cela ?

– Tout à fait. Avec cet argent, je suis parti à Paris pour découvrir la vie mondaine et les soirées jet set. Mais j'ai été écœuré par ces faux amis. Ça m'a donné l'idée de cette chanson. »

Francis Huster qui n'est pas au courant de la supercherie est subjugué par cette histoire à dormir debout. Comme disait Jacques Chirac : « *Plus c'est gros, plus ça passe.* »

Mais ce fabuleux coup marketing, à la manière d'un Sébastien Patoche quatre ans plus tard, est forcément éphémère tant le trait est appuyé. Helmut Fritz en a parfaitement conscience, il me l'avoue hors antenne. Il profite de l'instant présent et des royalties (les vraies) de ses 500 000 ventes du disque, avant la disparition programmée de son personnage.

Autre artiste bien déjantée : Julie Depardieu qui à Limoges a décidé de s'habiller tout en jaune pour rendre hommage au leader du Tour. Obnubilée ce jour-là par une vache qu'elle devait traire sur le plateau, elle n'a cessé de s'imaginer dans la peau de cette brave bête : « *J'aimerais tellement avoir ce regard paisible qui voit passer les trains !* »

Une phrase qui tourne en boucle dans sa tête. Puis elle nous raconte les étés de son enfance pendant le Tour de France : « *Je ne pouvais pas pénétrer dans le salon pour regarder la télé quand mon père était devant l'étape À chaque fois, je me faisais engueuler. Bernard Hinault, c'était son idole absolue. Il ne fallait surtout pas y toucher.* »

Sans savoir vraiment où elle mettait les pieds, Julie est finalement repartie très heureuse de cette première expérience dans l'ambiance de la Grande Boucle.

L'autre Francis, Lalanne, est lui aussi un inconditionnel de sport. Voilà encore un personnage attachant, imprévisible et parfois affabulateur. Un jour dans la voiture, il nous relate sa soi-disant rencontre avec Michael Jackson : « *Il faut en parler à personne, mais Michael était un ami. Je l'ai vu quelques mois avant sa mort.* »

Bien sûr Francis.

À Revel en Haute-Garonne, Vincent Ferniot nous propose un magnifique plateau de charcuterie pour accompagner le célèbre cassoulet de la région. Devant cette exubérante cochonnaille, Francis nous confie, l'air un peu désolé : « *Pas question d'y goûter. Je suis végétarien. Je respecte l'artisanat du terroir, mais je ne mangerai pas ce cassoulet. C'est contre nature.* »

Pas de problème Francis ! Tu as le droit évidemment d'être végétarien ! Mais l'histoire ne s'arrête pas là. Après l'émission, comme tous les jours, nous nous réunissons pour déjeuner dans notre sympathique cantine. Le chef se dirige vers notre table pour prendre le menu. Et là, oh surprise, Francis lui dit : « *Je prendrais bien une bonne entrecôte saignante !* »

J'avoue que cette sortie inattendue nous a laissés sans voix.

Ceci dit, Francis est un homme généreux, capable d'écrire dans le train une chanson spécialement pour nous en 2008, au moment du renouvellement de contrat entre France Télévisions et ASO, la société du Tour.

Sur l'air de « *Douce France* » de Charles Trenet, ses mots nous vont droit au cœur :

« Tour de France... Télévisions
Tour du public, de la France... Télévisions
Toi qui re-signe sur France Télévisions
Je t'ai gardé pour 5 ans.
Ça m'arrange
Que tu n'ailles pas chez Orange
Car au change
J'aime mieux les grands écrans
Avec ou sans pub.
Tour de France

Je te souhaite, bonne France
Je veux dire bonne chance
Sur France Télévisions... »

Je me souviens aussi de ces soirées mémorables à l'hôtel la veille de l'émission. Quand vers la fin du repas, il sort sa guitare et que tout le monde chante avec lui. Évidemment, c'est toujours le dernier à monter se coucher.

On peut d'ailleurs comparer ses spectacles à des matchs de tennis. On sait quand ils commencent, jamais quand ils finissent. Un soir à l'Olympia, son concert a duré pas moins de douze heures. Vous ne rêvez pas, douze heures. Loin devant Jacques Higelin et Guy Béart, qui eux aussi sont des spécialistes de la prolongation. Le seul moyen de les arrêter est d'éteindre la lumière dans la salle. Francis s'en amuse encore : « *Une année au printemps de Bourges, mon ami Francis Cabrel devait chanter juste après moi. En coulisses, il vient me voir et me dit : tu fais des concerts interminables. Tu ne veux pas qu'on inverse parce que je n'ai pas envie d'attendre le lever du soleil pour entrer sur scène. Je peux vous dire qu'il a eu sacrément raison. J'ai chanté pendant sept heures et demie. À l'aube, j'ai dit au public : "On sort voir le lever du jour et on revient après pour terminer le concert." C'est ce qui s'est passé.* »

Quand je vous disais que Francis Lalanne est un être généreux...

LINDA DE SUZA, MADAME IRMA

De retour après plusieurs années d'absence, Linda de Suza nous a carrément plongés dans la quatrième dimension. La veille au dîner, l'ambiance chaleureuse prend rapidement une tournure singulière et quelque peu déconcertante. Au beau milieu d'une discussion, la chanteuse portugaise, les yeux grands ouverts, se met à vous regarder fixement et à vous dévoiler l'avenir avec le plus grand sérieux. Je me dis, au fil de ses prédictions, que l'émission du lendemain à Tallard dans les Hautes-Alpes s'annonce particulièrement surréaliste. En effet, à peine ai-je le temps de la présenter et de la saluer, qu'elle s'adresse face caméra à François Hollande :

« – *Monsieur le président, un grand bonheur vous attend à la mi-août. Si je mens, vous me renvoyez à la frontière avec ma valise en carton.*

– *Vous voulez dire qu'il va se marier avec Julie Gayet ?*

– *Je n'ai pas dit ça. Monsieur le président Hollande ! Vous avez mon numéro de téléphone, appelez-moi !* »

On n'en saura pas plus et le mariage n'aura pas lieu. Cela dit, Linda avait prévu un déménagement pour Fabien Lecoeuvre et une nouvelle émission pour Cyril Féraud au mois de mars 2015. Et ces deux prédictions se sont avérées tout à fait exactes (Fabien a bien changé de domicile et Cyril présente depuis le 1er mars dernier « Le grand Slam » chaque dimanche sur France 3).

Sur scène, Linda de Suza nous a offert un grand moment de télé, n'hésitant pas à toucher les fesses de notre cameraman Sébastien pendant sa chanson : « *Oh il a un beau p'tit cul celui-là.* »

Avant de nous quitter, Linda me lance une dernière prédiction : « *L'an prochain en 2015, ton émission va prendre une dimension encore plus grande !* »

Si c'est vrai, je lui déroule le tapis rouge lors de sa prochaine venue.

MICHEL CYMES : UN MÉDECIN DANS LA COURSE

La veille de sa venue dans Village Départ, Michel Cymes, le médecin le plus médiatique du PAF a suivi la huitième étape entre Belfort et Porrentruy en Suisse, dans la voiture de l'assistance médicale du Tour de France. Une première qu'il n'est pas prêt d'oublier.

Le soir, il nous rejoint à l'hôtel vers vingt heures. À ma grande surprise, je vois arrivé un véritable zombie. Vidé et profondément marqué par ce qu'il a vécu durant 157 kilomètres au cœur même du peloton : « *J'ai subi quatre heures de stress total avec toutes les descentes de cols à 100 km/h, notre voiture collée à un mètre de celle de devant et de celle de derrière et les coureurs qui slalomaient sans arrêt. J'ai vraiment flippé pour eux à tel point que je fermais les yeux dans ces descentes.* »

Un baptême grandeur nature. En effet, ce jour-là, le cycliste espagnol Samuel Sanchez a lourdement chuté, quasiment sous son nez : « *J'ai tout de suite eu le réflexe du médecin. Je voyais qu'il avait perdu connaissance, qu'il faisait un malaise vagal et je n'avais qu'une envie, c'était d'intervenir.* »

Même s'il avait pu le faire, Michel n'aurait pas eu le temps. Le dispositif médical de 26 personnes mis en place dans le Tour de France avec à sa tête Florence Pommery est d'une efficacité sans faille. Immédiatement, le médecin-chef descend de la voiture et s'aperçoit tout de suite qu'il n'y a pas de risque vital. Trente secondes plus tard, l'ambulance arrive avec chirurgien et anesthésiste à bord pour emmener Samuel Sachez à l'hôpital. Florence remonte dans son véhicule et fonce en tête de course pour intervenir en cas de nouveau pépin. « *C'est Florence qui a organisé tout cela de manière remarquable. Tout au long du parcours, j'ai vu les coureurs venir à côté de notre voiture pour se faire soigner une plaie. Dans ces cols terribles, ils sont au bord des larmes, ils souffrent, ils ont la bouche ouverte en permanence. C'est presque surhumain ce qu'on leur demande* », nous raconte alors Michel.

Depuis cette aventure, Michel Cymes affiche une certaine tolérance envers les cyclistes qui ont recours au dopage : « *Quand je suivais le Tour pour France Info, je ne faisais pas de vélo et je n'avais jamais vu une course d'aussi près. J'étais impitoyable dès que le dopage était évoqué, car je ne comprenais pas que l'on puisse tricher. Maintenant, je conçois que la tentation de se doper soit grande. Je pense que si l'on veut résoudre ce problème, il faut que les coureurs ralentissent l'allure. S'ils courent à 10 ou 20 km/h de moins, ce n'est pas grave. Il faut aller à la hauteur de ce qu'un organisme peut supporter. On ne peut pas demander à un cycliste de monter deux fois l'Alpe d'Huez sans la tentation de s'aider.* »

Témoignage étonnant de la part d'un médecin, mais sincère dans son ressentiment.

En arrivant à l'hôtel, Michel part directement se coucher. Le lendemain, je le retrouve en pleine forme pour participer à l'émission aux côtés du duo mythique des années 80 Peter et Sloane. On commence évidemment ce Village Départ avec « Besoin de rien, envie de toi », le plus vieux des fantasmes, comme dit Michel Cymes. Cette chanson de 1984, qui a inauguré le Top 50 en trustant la première place durant 14 semaines, s'achève devant nos caméras par le traditionnel baiser sur la bouche des deux chanteurs. Une scène digne du septième art tant elle est loin de la réalité. Juste avant l'émission, Peter et Sloane vont faire un tour tranquillement au village. En revenant, une violente dispute intervient. Sloane se réfugie en larmes dans la loge en clamant « Je ne veux plus le voir ! » L'ambiance devient très pesante. Heureusement, sur scène, personne n'y verra que du feu. Le couple se regarde dans les yeux. Tout le monde pense qu'ils s'aiment encore.

Dans le film « Stars 80 », produit par Thomas Langmann, Sloane adresse une gifle magistrale au pauvre Peter. Sur le plateau, Peter me confie en rigolant :

« – *Elle se venge de toutes ces années !*

– *C'est du cinéma* », lui rétorque Sloane pour calmer le jeu.

À ce jour, ils sont toujours en froid et ne semblent pas prêts de renouer les liens, Jean-Pierre Savelli préférant poursuivre sa carrière solo. Les nostalgiques de ce duo culte devront se faire une raison.

Michel Cymes sera de retour dans Village Départ deux ans plus tard en compagnie de Valérie Fignon. Cette dernière vient alors de sortir un livre « Laurent » racontant les derniers mois de la vie du champion, emporté par un cancer à l'âge de cinquante ans. En écrivant seule chez elle, Valérie a beaucoup pleuré. Mais ce livre lui a servi de thérapie pour extérioriser son chagrin et sa colère. Au fil des pages, elle dénonce ouvertement le manque d'humanité et de moyens dans les hôpitaux français, mais aussi la façon dont le double vainqueur du Tour de France a appris sa maladie : « *Nous étions en voiture sur l'autoroute lorsque le médecin de Laurent l'appelle sur son portable. Sans précaution ni tact, il lui annonce qu'il a trouvé des métastases dans l'analyse de ses ganglions. Comme cela, froidement. En deux secondes, le ciel nous est tombé sur la tête.* »

Pour répondre à ses questions sur le plan médical, Valérie Fignon s'est adjoint les services de Michel Cymes. Le toubib lui explique notamment pourquoi il a fallu si longtemps pour détecter le cancer primitif de son époux. Devant un tel témoignage, Michel ne peut lui aussi retenir sa colère : « *J'ai honte de certains de mes confrères. Annoncer quelque chose d'aussi grave de cette manière, dans la voiture, alors qu'ils roulaient à 130 km/h, c'est criminel. Quand je vois qu'un éminent médecin leur a envoyé un SMS sur lequel était inscrit : "Qu'il aille mourir ailleurs", tout cela parce que Laurent avait voulu consulter d'autres avis, j'étais fou de rage.* »

Durant son combat contre la maladie, Laurent Fignon fait preuve d'une volonté incroyable qui surprend son épouse : « *Je ne connaissais pas Laurent quand il était coureur. Là, j'ai pu me rendre compte qu'il était habitué à se battre. C'était un champion dans l'âme qui n'acceptait pas la défaite.* »

Je me souviens des duplex que nous faisions avec lui dans Village Départ lorsqu'il était notre consultant aux côtés de Thierry Adam. Il regrettait toujours de ne pas être parmi nous pour déguster les bons produits régionaux. Sa dernière télé, il l'a faîte dans un Stade2 que je présentais à Barcelone à l'occasion des Championnats d'Europe d'athlétisme. C'était un mois avant sa mort. Malgré la souffrance extrême qui l'envahissait par moment, il croyait encore qu'il allait s'en sortir.

Un dernier mot sur Michel Cymes qui nous présente lors de cette même émission une application insolite pour arrêter de fumer. Dans une centaine de vidéos différentes, le docteur de France 5 n'hésite pas à singer Serge Gainsbourg, clope au bec, un peu déjanté. Il nous en explique le principe : « *Dès que vous avez envie d'allumer une cigarette, vous appuyez sur la touche alerte et j'apparais. Même après l'amour, ça marche. J'essaie de vous faire passer l'envie pendant 30 secondes en sortant des vannes, en faisant des grimaces ou en proposant des devinettes.* »

Une application 100 % Française et 100 % gratuite qui connaît un réel succès. À l'image de notre bon Michel naviguant comme toujours entre l'humour et le sérieux.

NOUNOURS LE RETOUR

Petit moment tendre et nostalgique l'an dernier dans l'émission de Gérardmer. Le gros Nounours qui a bercé deux générations d'enfants a débarqué sur le plateau pour se rappeler à notre bon souvenir et promouvoir au passage une bande dessinée à son effigie. Pour tout vous dévoiler, c'est une femme qui était à l'intérieur de la peluche avec une autonomie limitée compte tenu de la chaleur qui régnait sur le plateau. Quant à l'homme qui le faisait parler avec sa voix grave, il était installé dans notre régie devant un micro pour répondre à toutes mes questions. Une mécanique bien huilée.

Au total, 568 épisodes de « Bonne nuit les petits » ont été diffusés entre 1962 et 1973 à 19 h 55, juste avant que les enfants aillent se coucher. Je ne suis pas certain que Nounours réussisse à mettre au lit les bambins d'aujourd'hui à cette heure-là.

Son créateur Claude Laydu a trouvé l'idée du personnage en Allemagne de l'Est lors du tournage d'un film. Un soir, acteurs et techniciens réunis devant la télévision découvrent une séquence d'animation intitulée « Le marchand de sable ». À la fin du programme, une charmante speakerine intervient auprès de deux petites filles en leur disant : « *Les enfants, maintenant il faut aller vous coucher.* » Les deux fillettes répondent « *Ja* » à leur maman, l'embrassent tendrement et filent au dodo sans sourciller. L'une d'elles s'appelle Nina Hagen et deviendra très célèbre comme icône punk dans le milieu underground berlinois.

En attendant, Claude Laydu parvient à adapter le concept à la télévision française malgré le manque de moyens de la RTF. Le succès est immédiat, car Nounours fascine les enfants et apportent un repère bien utile à leurs parents.

Au-delà des souvenirs évoqués, ce petit clin d'œil a du faire plaisir aux plus de quarante ans et nous a permis de voir le mannequin et chanteur Baptiste Giabiconi, qui n'était pas né à l'époque, se déhancher aux côtés de Nounours. Le choc des générations.

ERIC NAULLEAU

Un peu nounours physiquement parlant, voilà un garçon qui dès sa plus tendre enfance s'est trouvé une vocation de sniper : « *Je devais avoir deux ans. Je me baladais avec ma grand-mère lorsqu'elle croise l'une de ses amies. Celle-ci s'extasie en me voyant avec ma chevelure blonde et bouclée. "Oh, comme il est mignon ce petit garçon ! Qu'est-ce qu'il a envie de nous dire ?", s'exclame la dame. "Moi je vous dis Merde !", aurais-je répondu selon ma famille qui se gargarise régulièrement de cette histoire.* »

Quand Eric Naulleau nous rend visite à Grenoble le 23 juillet 2011, il vient d'être congédié par Laurent Ruquier. L'animateur de France 2 a décidé de le remplacer avec son compère Eric Zemmour par Audrey Pulvar et Natacha Polony, dans l'émission « On n'est pas couchés ». Pas d'amertume chez Naulleau, mais quelques regrets :

« – *Arrêter maintenant, c'est prématuré et frustrant, à la veille d'une année d'élection présidentielle.* »

– *Mais à cause de vous, de nombreuses personnalités ne souhaitaient plus venir dans cette émission pour se faire découper en morceau !*

– Le fond du problème n'est pas là. On est dans une époque qui confond la méchanceté et la sincérité. Si vous dîtes du bien de tout le monde, cela signifie qu'à vos yeux, tout se vaut et qu'il n'y a aucune hiérarchie. Beaucoup de gens ne comprennent pas cela.

– Les acteurs en particulier que vous n'avez pas ménagés !

– Les lois de la promotion ont changé. Tout est basé aujourd'hui sur un effet de masse la première semaine. Il faut à tout prix qu'il n'y ait aucune fausse note dans la promotion d'un film. Surtout à la télévision. C'est pour cela que les acteurs refusaient de venir dans l'émission. »

Eric Naulleau n'a pas tort, même s'il botte en touche quant à sa responsabilité. Le premier jour d'exploitation d'un film est aujourd'hui déterminant. La date de sortie est capitale. La météo, la concurrence des autres films, le nombre de salles, la qualité des bandes-annonces constituent un enjeu terrible pour les producteurs. Tout un art qui peut être réduit en poussière sur un plateau de télé.

L'ex poil à gratter de Laurent Ruquier est aujourd'hui réfugié sur la chaîne Paris Première. Ses émissions sont de qualité, mais son exposition reste bien maigre au regard de son talent.

ET DIEU DANS TOUT ÇA ?

LES PRÊTRES ET NATASHA ST PIER

L'été 2010 restera marqué par un phénomène musical inattendu. Trois prêtres enregistrent un album qui, très rapidement, se retrouve en tête des ventes devant Christophe Maé et Mylène Farmer. Ce disque, réalisé à l'initiative de Monseigneur Di Falco, a été conçu à l'origine pour deux raisons : venir en aide à une école de Madagascar et financer l'agrandissement d'une église dans les Hautes-Alpes. Mgr Di Falco parle du projet à son ami Didier Barbelivien qui lui conseille de s'inspirer d'un groupe irlandais « The Priest » dont l'album de chansons sacrées a cartonné dans tout le Royaume-Uni.

Fort de ce succès, les Prêtres sont donc mes invités dans Village Départ, le 15 juillet à Sisteron, où ils chantent en direct leur fameux « Spiritus Dei ». Le public est conquis.

L'aventure de ce trio en soutane dure depuis cinq ans déjà. Le bilan est prodigieux : près de deux millions de disques vendus et un million d'euros reversés à différentes œuvres caritatives..

Les Prêtres ont notamment aidé l'association Grégory Lemarchal après avoir rencontré les parents du jeune chanteur décédé de la mucoviscidose en 2007.

L'association d'Yves Duteil, fondée en Inde après le tsunami pour scolariser des enfants, a également reçu leur soutien financier. Ils ont annoncés que la recette de leur tournée 2015, qui a rassemblé des milliers de personnes chaque soir, leur permettra de soutenir les chrétiens d'Orient persécutés par Daesh.

Au bout du compte et au-delà des chiffres de vente faramineux, l'expérience a porté ses fruits. « *Cela n'a pas attiré les foules dans les églises, mais nous avons permis à des gens de se poser des questions sur leur foi* », témoigne Jean-Michel Di Falco. « *Nous avons contribué à changer le regard des gens sur l'église en cassant les clichés. Ils se sont rendu compte que les prêtres sont faits du même bois que les autres.* »

Sans être novatrices, leurs reprises ont donc touché un large public, et pas seulement les croyants.

L'album de Natasha St-Pier sur Sainte-Thérèse de Lisieux a lui aussi séduit un auditoire en quête de spiritualité. Le chanteur Grégoire a osé mettre en musique les poèmes de Thérèse écrits il y a plus de cent ans, mais terriblement modernes. Un pari audacieux et réussi. Le « Vivre d'amour » interprété à Avranches par Natasha et Anggun reste l'un des plus beaux moments musicaux de Village Départ :

« Vivre d'amour, c'est donner sans mesure
Sans réclamer de salaire ici-bas
Ah ! Sans compter, je donne étant bien sure
Que lorsqu'on aime, on ne calcule pas.... »

Thérèse a été emportée par la tuberculose en 1897, à l'âge de 24 ans, puis canonisée en 1925. Comme Grégoire, Natasha St-Pier est immédiatement tombée sous le charme de ses textes : « *Dans "Marie, pourquoi je t'aime", elle s'adresse à la vierge comme si c'était sa maman, car elle a perdu la sienne quand elle était petite. Il faut se souvenir que Thérèse ne parlait pas. Au Carmel, elle était vouée au silence. Mais ses écrits ont touché des millions de gens dans le monde. On n'a pas besoin d'être croyant pour les aimer. Ils sont intemporels.* »

Le message de Thérèse est universel et son autobiographie après sa mort sera traduite en 60 langues. Grâce à cet album, Natasha St-Pier aura le privilège de chanter au Vatican devant le pape François, mais aussi à la basilique de Lisieux. Un concert exceptionnel qui réunira plus de 1500 personnes. L'un des plus beaux souvenirs de sa carrière.

GONZAGUE ET LE ROI DE LA POP

Quelques écrivains célèbres figurent également au palmarès de Village Départ comme Yann Queffélec, Prix Goncourt 1985, ou Gonzague Saint-Bris. De magnifiques conteurs, dignes représentants de leur région, la Bretagne et la Touraine.

Sur le plateau, Gonzague porte à son poignet un bracelet sur lequel il a fait inscrire une phrase que Michael Jackson lui a dite un jour : « *Un homme sans culture, c'est un zèbre sans rayure.* » Alors que le monde entier est encore sous le choc de la disparition du roi de la pop, l'écrivain se remémore l'aventure extraordinaire qu'il a vécue avec lui en 1992 : « *Il m'avait invité à le rejoindre en Afrique pour descendre le fleuve Ogooué et explorer la forêt gabonaise sur la terre de ses ancêtres. C'était un être extrêmement cultivé. Il ne me parlait que de Michel-Ange et de Léonard de Vinci. Il avait obtenu du pape Jean-Paul II d'être enfermé dans la chapelle Sixtine au Vatican pour voir les fresques de Michel-Ange. C'était aussi un fervent admirateur de Louis XIV et des châteaux de France où il rêvait de terminer ses jours.* »

Peu à peu, une proximité s'installe entre les deux hommes et Michael Jackson aborde avec Gonzague des sujets plus personnels, jamais évoqués publiquement. Il lui confie : « *Ma plus grande joie est de savoir que je peux choisir mon visage. Une fois que c'est fait, on ne peut s'empêcher de se regarder dans le miroir, on se sent sublime.* »

En tête à tête au dîner, l'écrivain découvre un homme bien éloigné de l'image renvoyée par les médias : « *Élevé par une mère témoin de Jéhovah, Michael était porté par la foi. Il se sentait très seul et incompris des hommes. Il n'avait à l'époque que 34 ans, mais il était persuadé de mourir à 50 ans. Il me dit : "Le film E.T., c'est l'histoire de ma vie. E.T. se sent étranger, veut être accepté et ne se trouve à l'aise qu'avec les enfants." À un autre moment, face aux pygmées dont il ne maîtrisait pas la langue, il s'est mis à danser comme il savait si bien le faire, pour leur répondre.* »

À la fin de leur périple, la star lui cite un vieux proverbe indien : « *Ne jugez pas un homme tant que vous n'avez pas marché deux lunes d'affilée dans ses mocassins.* »

Toutes ces conversations, Gonzague Saint-Bris les relatera dans un livre à succès : « Au paradis avec Michael Jackson. »

10 ans d'insolites et d'images

Stéphane Plaza aura tout essayé sur le Tour de France.

À Warengem en Belgique, un mauvais moment pour Doc Gynéco.
Comment fait-il pour garder son calme ?

Kiki, Nenette et Marcel en action à Vatan. Trois vieux chats récalcitrants.

L'inénarrable Thierry Olive et son épouse.
Carinne s'attend à tout.

Quelle distribution à Cagnes-sur-Mer ! À vous de discerner les faux des vrais.

2 candidats prestigieux pour Carinne : Madame Doubtfire et Sean Connery.

Madeleine,
la reine des sucettes.
Moment cultissime
à Arras.

Leeds avec Tommy,
le roi de la grimace.

Petite balade à Besançon pour Chantal Ladesou.

Visite amicale de Fred Testot lors du départ
à Saint-Gildas-des-Bois.

Philippe Gildas, venu en voisin à Porto-Vecchio, avec Christophe Maé et Fabien Lecoeuvre.

Attention Laurent ! Pas de marques à l'antenne ! ... J'ai dit : pas de marque. Enfin presque.

Détente avant l'émission de Rambouillet pour Gérard Lenorman et Antoine Duléry.

Signé Poupou, le 1er autographe de Gérard Lenorman.

Jean-Pierre Castaldi bloqué sur un télésiège de la station auvergnate du Lioran...

Après l'effort, le réconfort. Elle est belle Anggun, n'est-ce pas Jean-Pierre ?

Séquence culte. Arielle découvre le champion du monde du cri de cochon.

La mort du cochon :
« Non je ne veux pas voir çà ! »

Le Tour de France pour 5 ans encore sur France Télévisions.
Sur le plateau à Brioude : Christian Prudhomme patron du Tour de France, Patrick de Carolis, président de FTV, Patrice Clerc, président d'ASO et Daniel Bilalian, directeur des sports de FTV.

Soirée mémorable à Tallard avec Linda de Suza et Cyril Féraud.

Nounours : Souvenir d'enfance avec nos invités à Gerardmer.

Besoin de rien, envie de toi. Ou presque... pour Peter et Sloane.

Valérie Fignon et Michel Cymes répondent aux questions d'un confrère de France Bleue.

Eric Naulleau et Didier Barbelivien pour le coup d'envoi de l'émission à Wanze.
Naulleau réfléchit à sa première vacherie.

Michel Leeb, fidèle de l'émission et les Prêtres à Fisteron.

Natasha St-Pier
et Anggun.

Liesse générale à Avranches avec Arielle Dombasle.

Pause publicitaire pour Gonzague Saint-Bris au Mans.

10 ans de rires

« Faire rire, c'est faire oublier.
Quel bienfaiteur sur la terre,
qu'un distributeur d'oubli. »

Victor HUGO,
poète, écrivain.

« - Allô !

- Oui !

- C'est qui ?

- Laurent !

- Lequel ?

- Pardon, Laurent Luyat

- Ah oui !

- Je ne te dérange pas ?

- Non je rangeais la vaisselle ! J'étais en train de me dire "quel dommage que ces 2 verres ne s'emboîtent pas, j'aurais pu gagner une place considérable !"

- Ah OK ! euh Je vais essayer d'être bref. Je prépare un livre sur les 10 ans de mon émission "Village Départ". Je voudrais que tu écrives une sorte de préface dédiée au chapitre humour sur le Tour ! Qu'en penses-tu ?

- C'est gentil de penser à moi, mais tu crois que ça va intéresser les gens ?

- Oui, oui !...

...Daniel Mangeas et Daniel Bilalian ont accepté d'en écrire une ! Et eux, ils ont le nez creux, tu sais !

- Ha ! Là tu m'as convaincu !

Autrement, tu penses en vendre plus que Sophie Davant ?

- Je sais pas !

- C'est important de se fixer des objectifs, tu vois, Nicolas le jardinier, au départ, on ne savait pas si son livre se vendrait !

- Donc ?

- Non c'est tout, c'était une anecdote !

- Euh... D'accord... Autrement, tu pourrais me faire ce petit papier ?

- Écoute ! Je vais réfléchir... Je ne suis pas sûr d'être aussi drôle que Daniel Mangeas et Daniel Bilalian, mais je suis très flatté que tu aies pensé à moi !

- On se rappelle ?

- Dac ! Bye... (je raccroche)

- Qu'est-ce je vais pouvoir écrire ?... Ah oui !...

Je crois que je sais... »

Raphaël MEZRAHI

Raphaël Mezrahi prépare l'émission avec Thierry Colby et Patrick Fiori.

GÉRALD DAHAN ET LE COUP DE BOULE DE ZIDANE.

Le Tour de France 2006 démarre dans une ambiance un peu particulière. Pour la première fois depuis huit ans, Lance Armstrong, septuple vainqueur, n'est pas au départ. On annonce sa venue en « touriste », mais rien n'est encore certain. Après ces sept années d'hégémonie Armstrong, tout le monde est dans l'expectative. D'autant plus que l'affaire de dopage Puerto a contraint les deux grands favoris, Jan Ullrich et Ivan Basso (deuxième et troisième l'année précédente), à ne pas se présenter au départ à Strasbourg.

L'autre sensation, c'est l'équipe de France de football en Coupe du monde. Après la défaite des Bleus en finale contre l'Italie et le fameux coup de boule de Zidane, la France entière est en haleine, à la recherche du moindre scoop. Que s'est-il passé sur le terrain avant l'exclusion de Zizou ? C'est la question qui taraude les esprits en marge de ce Tour de France.

Dans le Village Départ de Bordeaux, je retrouve l'ancien rugbyman Serge Simon. Cette armoire à glace, qui n'hésite pas à dire : « *Laurent Luyat, son poids, je le faisais à la naissance* », a l'art de mêler l'humour et le cynisme. Notre duo anachronique sur France 2 lors de la Coupe du monde de rugby, trois ans plus tôt en Australie, avait ravi les amateurs de blagues décalées et de folie en plateau. Un grand souvenir, mais comme on dit dans le jargon un « one shot. »

Ce jour-là donc, Serge Simon lâche en plein milieu de l'émission : « *Je sais ce que Materazzi a dit à Zidane sur le terrain avant qu'il lui mette le coup de boule !* »

Stupeur dans le public et autour de la table.

« – *Ah bon ! Vas-y, dis-nous tout !*

– *Vous voulez vraiment le savoir ?*

– *Évidemment !* »

Serge prend alors un air grave :

« – *Materazzi lui a dit : tu ressembles à Laurent Luyat !* »

Éclat de rire général. Je dois avouer que naïvement, je ne l'avais pas vu venir.

Une vanne potache qui n'a rien à voir avec le gag machiavélique concocté par l'imitateur Gérald Dahan quelques jours plus tard, pour le sulfureux journal « Entrevue ».

Invité dans l'émission de Béziers, Gérald nous raconte ce canular savoureux : « *Avec la voix de Patrick Bruel, j'ai réussi à joindre Bernard Tapie au téléphone pour lui demander ce que l'Italien avait bien pu dire à Zidane.* »

L'ancien patron de l'OM, toujours bien informé par ses réseaux, est persuadé d'avoir le chanteur au bout du fil. Dahan en profite : « *Je suis aux anges. Bernard Tapie me détaille tout ce qu'il sait sur cette affaire et qui s'avérera très proche de la vérité (les insultes concernant sa sœur et sa mère). Il m'a même confié ses impressions sur le match, le penalty, etc. Ce qui m'a le plus amusé, c'est que toutes les télés auraient déboursé une fortune pour savoir les mots échangés sur le terrain et moi, juste avec un petit coup de fil, j'ai eu toutes les infos.* »

À cet instant, l'imitateur imposteur a donc dévoilé aux téléspectateurs de Village Départ le dénouement du scénario le plus médiatique de l'année. Comment Materazzi a réussi à faire craquer notre Zizou national ?

Ce n'était pas la première fois que Gérald Dahan s'amusait avec Zidane. Peu de temps avant, à l'occasion d'un match décisif en Irlande pour la qualification en Coupe du monde, l'imitateur prend la voix du président Jacques Chirac et s'adresse en direct sur la radio Rire et Chansons au capitaine des Bleus :

« - *Monsieur Zidane, est-ce que je peux vous demander une faveur ?*

- *Oui, bien sûr.*

- *Si au moment de la "Marseillaise", vous pouviez, tous les joueurs, avoir la main sur le cœur, vous me feriez le plus grand plaisir.*

- *On le fera, on le fera.* »

Effectivement, les hommes de Raymond Domenech se sont fait avoir comme des bleus. Le lendemain, l'usurpateur dévoile la supercherie, tout sourire. L'image est reprise par toutes les télés de la planète et Dahan répond à une quarantaine d'interviews dans la foulée, y compris pour la chaîne américaine CBS. Mais le canular n'a pas fait rire tout le monde au sein de l'équipe de France. Piéger des personnalités, politiques surtout, a coûté cher à Gérald Dahan qui sera plus tard licencié de Rire et Chansons, puis de France Inter.

À l'issue de ce Tour 2006, l'Américain Floyd Landis succède à Lance Armstrong. Même résultat honteux pour le cyclisme puisque, quatre jours seulement après son sacre, le coureur américain sera déclaré positif à la testostérone. Tous les spécialistes qui se succèdent dans l'émission saluent l'exploit d'un grand champion sans émettre la moindre réserve. C'était le règne des grands dopés. La statue Armstrong tenait encore sur son édifice, pour peu de temps.

PHILIPPE CANDELORO VS CLARA MORGANE

Quand on invite Philippe Candeloro sur un plateau, on sait que la discussion descendra forcément au-dessous de la ceinture. Le garçon ne peut pas s'en empêcher. C'est son fonds de commerce. Sans quelques allusions sexuelles distillées par-ci par-là, il a l'impression de se dénaturer. Quand, en plus, vous lui mettez à ses côtés Clara Morgane, l'ancienne star du X, le cocktail devient explosif.

Ce 12 juillet 2007 à Chablis, j'accueille Philippe en haut d'une nacelle pour le premier plateau de l'émission. D'emblée, il me lance : « *Ma femme n'est pas très différente de Clara Morgane, sauf qu'elle déteste se faire filmer.* »

Ça commence fort. Puis nous rejoignons Clara à la table, venue promouvoir la sortie de son CD « *Déclarations* ». L'ambiance s'avère rapidement électrique. L'actrice se montre très irritée par les références à son passé. Elle a définitivement tourné la page et ne veut plus en entendre parler. Je lui rétorque :

« – *Pourtant, vous présentez toujours le journal du hard sur Canal ?*

– *Mais cela n'a rien à voir. Je suis juste présentatrice. Philippe Vandel ou Alexandre Devoise l'ont bien fait et ce ne sont pas des acteurs pornos.* »

Et toc. Elle nous explique tout de même que sa mère a plutôt bien compris sa démarche quand elle lui a révélé qu'elle tournait dans ce genre de productions :

« – *Je viens d'une famille de pieds-noirs assez rigoriste. Par rapport à leurs valeurs, je suis clairement sortie des sentiers battus. Mais par amour, on peut comprendre certaines choses. C'est plus fort que tout.*

– *Moi je n'aimerais pas que l'une de mes quatre filles fasse la même chose* », ajoute Vincent Ferniot.

– *Mais on ne vous a rien demandé à vous* », rétorque Clara.

Quand Philippe Candeloro s'en mêle, la réponse est aussi cinglante :

« – *C'est pas facile de changer d'étiquette Clara !*

– *Pas du tout pourquoi ? T'as des problèmes pour faire autre chose ?* »

Philippe lui demande ensuite quelques conseils pour tourner dans des films X.

« – *Je n'ai pas de conseils, mais tu peux tenter ta chance. C'était il y a 10 ans et j'ai fait cela pendant moins d'un an. Je me suis beaucoup amusée, mais je n'ai jamais considéré cela comme un métier. Donc tu devrais te renseigner.* »

Clara Morgane sortira plus tard deux autres albums qui, comme le premier, resteront confidentiels. Mais entre les pubs, la télévision et le théâtre, son business est florissant. Régulièrement, elle vient en aide à différentes associations caritatives. Philippe, lui aussi, participe à de nombreuses opérations de soutien aux plus démunis. En toute discrétion. Un trait de sa personnalité qui tranche avec l'image de radin notoire qu'il aime entretenir. Lorsqu'il nous réclame par exemple, le remboursement d'un ticket d'autoroute d'un euro trente. Véridique. Ou lorsqu'il affirme ne jamais offrir de fleurs à sa femme Olivia. « *Elle n'aime pas cela, ça m'arrange bien.* »

Clara et Philippe se retrouveront sur M6 en 2012 dans l'émission « Ice show ». Clara en patineuse éliminée dès le début de la compétition, Philippe dans l'impitoyable jury qui aurait souhaité la voir plus coquine sur la glace. Incompatibilité quand tu nous tiens...

Revenons à Village Départ, cette fois à Bordeaux où Candel se retrouve aux côtés de Bernard Laporte qui, un an plus tôt, a rendu son tablier de secrétaire d'État chargé des sports. Sans regret pour l'ami Bernard même si les rancunes restent toujours tenaces. Au milieu de l'émission, il s'emporte et prend la défense de Franck Ribéry et de Karim Benzema, tous deux mis en examen dans l'affaire Zahia :

« – *Ils ont fait une bêtise, mais ils vont l'assumer. Quand j'entends des hommes politiques dire que Ribéry n'est plus un modèle dans les cités, je leur réponds : mais balayez devant votre porte ; après vous parlerez des sportifs. J'ai même entendu des femmes politiques* (Rama Yade et Roselyne Bachelot - ndla) *qui faisaient passer Ribéry pour un truand...* »

– C'est de la jalousie. Elles auraient préféré être à la place de Zahia », ajoute Candeloro, maître dans l'art de dédramatiser une situation.

Aujourd'hui, le plus célèbre des patineurs français fait plus attention à ce qu'il dit à l'antenne. Les nombreuses critiques à son égard lors des Jeux olympiques de Sotchi l'ont beaucoup marqué.

Des critiques parfois justifiées quand il va trop loin, parfois bien exagérées. Au règne du politiquement correct, Philippe n'a peut-être plus sa place. Les réseaux sociaux sont devenus les censeurs de la légèreté et de l'insouciance avec tous les dérapages que cela engendre. Un mot de travers et la sphère se déchaîne. Aux yeux de certains journalistes, toujours prompts à dégainer quand l'occasion se présente, Philippe a déjà grillé son joker.

Peut-être se souviendront-ils du terrible drame qu'il a vécu en mars dernier en Argentine et qui a forcément changé sa vie. Cette sensation étrange entre tristesse et soulagement ne s'effacera jamais de sa mémoire.

CYRIL HANOUNA

Cyril Hanouna a été l'un des tout premiers invités de Village Départ. À l'époque, il ne bénéficie pas encore d'une grande notoriété, mais le personnage est déjà irrésistible. Avec lui, rien ne se passe comme prévu. Sur le plateau, il jette mes feuilles par-dessus le public, casse une chaise maladroitement, compare Bernard Thévenet à Bobby Ewing en raison de son brushing et chante du Frédéric François. Puis il drague miss Pau 2002, à sa façon bien sûr :

« – *Comment tu t'intitules ?*

– *Je m'appelle Aurélie, je suis dermatologue.*

– *Tu vois pas qu'on se kiffe tous les deux !* »

Bref, il ne tient pas en place. Sans prévenir, il se dirige avec son micro vers une dame rousse dans la foule qui n'avait rien demandé : « *J'ai retrouvé Mylène Farmer ! Ça va Mylène ? Un nouveau disque bientôt ?* »

La pauvre ne sait plus où se mettre.

Évidemment, j'en prends aussi pour mon grade. Il se moque de ma chemise trop large aux rayures oranges qui ressemble il est vrai à un pyjama. : « *Celle-là, il faut la brûler au plus vite ! Non, sans déconner, elle te va très bien parce qu'elle est très cintrée. Elle te va bien parce que tu as un beau corps !* »

Pour la peine, je lui fais enfiler une chemise France Télévisions d'un bleu hideux et beaucoup trop grande pour lui. Il la boutonne jusqu'en haut, à s'en étouffer, avant d'entamer un défilé de mannequins. La séquence est à mourir de rire.

En revanche, Cyril a peu apprécié les spécialités locales, dont le fameux porc noir du Béarn. L'animal vivant qu'il devait prendre dans ses bras et qui n'est guère sa tasse de thé l'a littéralement effrayé. Il est vrai que la bête bouge dans tous les sens quand on s'en empare en hurlant à la mort. Une expérience assez traumatisante.

J'étais persuadé que Cyril allait devenir une grande vedette. Je l'ai d'ailleurs invité de nouveau deux ans plus tard à Cahors où une jeune femme, spécialiste du sauvetage en mer, lui a fait du bouche-à-bouche. Ce garçon est un showman né, avec des qualités majeures qui le distinguent des autres animateurs, dans la lignée d'un Christophe Dechavanne ou d'un Patrick Sébastien. Il a travaillé avec nous avec bonheur pendant quelques années à Roland-Garros avant de rejoindre D8. Un bon souvenir qui, je le pense, est réciproque.

PATRICK ET PATOCHE

Je me suis longtemps battu pour faire venir Patrick Sébastien dans Village Départ. La tâche fut rude, car notre célèbre animateur est un oiseau de nuit. Il s'endort au petit matin et ne se lève pas avant 14 heures. Patrick m'a souvent invité dans son « *Plus grand cabaret du monde* » et j'ai pu apprécier, comme tous les autres invités, l'atmosphère familiale qui règne sur son plateau et en coulisse.

Le recevoir dans mon émission me paraissait la moindre des choses, avec la garantie de faire chanter tout le public. En 2013, Patrick accepte enfin mon invitation. Il surfe alors sur le succès phénoménal de ses fameuses « Sardines » ressorties de leur boîte sept ans après leur création. Un phénomène rarissime dans la chanson. L'instigateur de ce succès n'est autre que Cyril Hanouna, encore lui, dans son émission « Touche pas à mon poste ». Alors que la chanson est passée quasiment inaperçue en 2006, l'animateur de D8 en a fait un hymne, accompagné d'une danse de l'épaule et repris dans toutes les fêtes de France et de Navarre :

« Ah ! Qu'est-ce qu'on est serré, au fond de cette boîte
Chantent les sardines, chantent les sardines
Ah ! Qu'est-ce qu'on est serré, au fond de cette boîte
Chantent les sardines entre l'huile et les aromates. »

Pour la petite histoire, le morceau a connu sa première heure de gloire en 2010, bien avant Hanouna, lorsqu'un internaute caennais Simon Gosselin eut la folle idée d'associer « Les sardines » avec des extraits du live à Wembley des Foo Fighters, un groupe rock américain, héritier de Nirvana. C'est ce que l'on appelle un mash-up, une technique qui mélange une chanson avec des images qui n'ont rien à voir. Le résultat est surprenant et la vidéo visionnée plus de 800 000 fois sur le net. On découvre le chanteur du groupe Dave Grohl, transformé en animateur chauffeur de salles avec la voix de Patrick Sébastien. Une image irrésistible.

À Montpellier où nous tournons l'émission sous 40 degrés, Patrick sillonne toutes les allées du plateau pour faire chanter « Les sardines » au public. Puis il nous parle du Tour de France qu'il regarde chaque après-midi à la télé : « *Quand on fait du vélo, on ne peut pas critiquer les coureurs. C'est tellement difficile. J'en ai fait beaucoup dans ma vie, mais cela devient de plus en plus dangereux, car les automobilistes n'ont pas conscience du danger. J'ai plein de copains qui se sont fait renverser par des bagnoles.* »

Patrick Sébastien est un mélange de sensibilité, de générosité et de mégalomanie. Comme tous les artistes pratiquement. Qui plus est, c'est le seul imitateur en France qui est imité. Par Laurent Gerra bien sûr, mais aussi par Cartman, l'animateur de radio transformé en 2013 en Sébastien Patoche. Le nom d'origine, Sébastien Patrick, a été modifié à la demande du vrai qui le jugeait trop proche du sien. Ce sont finalement les 100 000 fans de Cartman sur Facebook qui ont choisi ce nouveau nom Patoche. La machine est alors lancée et le single lunaire « Quand il pète, il troue son slip » devient en quelques jours, n° 1 des ventes, dépassant le « Get Lucky » de Daft Punk.

Devant l'ampleur du phénomène, j'accueille Patoche dans l'émission de Cagnes-sur-Mer pour interpréter son tube. Le décor est idyllique devant une plage sublime et un public nombreux. Quelle ne fut pas ma surprise de voir la chanson chantée à tue-tête par toute la foule, y compris par de petites mamies qui connaissaient le texte par cœur. Le tout dans une ambiance indescriptible. Je pensais sincèrement que des personnes âgées seraient plutôt gênées devant la grivoiserie des paroles. Pas du tout. Quelques jours plus tard, devant le Château de Versailles, je remets à son auteur un disque d'or, accompagné sur la plaquette d'un énorme slip blanc. J'avoue que dans ce site grandiose, le contraste est assez saisissant : « *Quel panard !* », s'exclame Patoche qui nous présente avec jubilation son album intitulé « J'emmerde les bobos ».

Le titre en dit long. Il s'agit d'une satire contre certains chanteurs qu'il juge snobinards comme Benabar ou Benjamin Biolay. Sur sa page Facebook, Benabar ne tarde pas à réagir, tout en finesse : « *Cher confrère, mon Patoche, tu me brises le cœur. Je constate avec affliction que tu me considères comme un des représentants d'une catégorie que tu sembles détester : les "Bobos".*

J'admets (honteusement) apprécier Woody Allen et les brocantes. Je confesse m'être rendu à plusieurs reprises au théâtre, parfois même en Vélib'. J'avoue, je suis déjà allé à l'île de Ré où j'ai porté des chemises en lin couleur crème. Eh oui, il m'est arrivé (je vide mon sac) de regarder des films en noir et blanc, même pas comique. Mais pour ma défense, je t'informe que j'apprécie De Funès et Joe Dassin, que Jean-Marie Bigard me fait souvent rire, que j'ai vu Sardou en concert (j'en témoigne, j'étais présent ce soir-là, ndla), *que j'ai souvent regardé "Le plus grand cabaret du monde" et que je ne fréquente ni les salons ni les ministères. Enfin, comme toi peut-être, je suis insulté par les Inrocks (que j'emmerde), méprisé par Télérama (dont je me fous) et dénigré par Biolay (qui prétendra le contraire n'étant plus à un mensonge près). Ces authentiques bobos, donneurs de leçons me reprochent de faire des chansons sur les pizzas, le quotidien, de participer (quelle horreur !) aux restos du cœur et de citer comme référence Delpech, Goldman ou Renaud, bref de chercher à devenir un chanteur populaire (chose dégradante à leurs yeux).* »

Hasard de la programmation, les deux hommes qui ne s'étaient jamais rencontrés sont mes invités l'année suivante dans la même émission. Une mauvaise idée pour l'entourage de Benabar, mais le chanteur n'émet aucune objection, bien au contraire. Dès leur arrivée, ils se claquent la bise, puis enterrent la hache de guerre sur le plateau. L'occasion pour Benabar d'en remettre une petite couche sur cette presse qu'il exècre : « *Être attaqué par les Inrocks, j'ai pris cela comme un encouragement, comme la preuve d'une intégrité artistique. Pourvu qu'ils continuent.* »

J'étais très heureux de le recevoir, pensant à tort qu'il n'aimait pas le Tour de France et qu'il ne serait pas très à l'aise dans cette ambiance. Au contraire, Bruno est venu avec son épouse et ses enfants qui étaient ravis de découvrir les coulisses d'un tel événement.

JEAN-MARIE BIGARD

Jean-Marie Bigard est grossier, potache, gaulois, mais c'est avant tout un homme adorable, humaniste, gentil dans le bon sens du terme. Le même dans la vie et à l'antenne, ce qui n'est pas désagréable, loin de là.

À Rouen, je lui fais raconter sa rencontre insolite avec le pape Benoît XVI au Vatican, en décembre 2007. Le président de l'époque Nicolas Sarkozy lui avait proposé de se joindre à la délégation française. Une offre qui ne se refuse pas pour un homme croyant comme lui : « *D'abord, je me retrouve dans le bureau de ce que l'on pourrait appeler "le Premier ministre" du pape. En parcourant la pièce, je vois sous de somptueuses tapisseries millénaires... le ballon de la Juventus de Turin et une Ferrari. C'était déjà surréaliste. Puis quand Nicolas Sarkozy s'est amené, alors que toute la presse internationale est là, il me présente au pape en disant : "C'est un homme de Dieu, il est très généreux." Et tout d'un coup, le président dit à Benoit XVI en le prenant par l'épaule : "Vous vous rendez compte, c'est un humoriste qui a rempli le Stade de France."*

Je voyais bien que l'autre n'en avait absolument rien à foutre. Il répondait en hochant la tête comme un chien à l'arrière d'une voiture : "Ah oui, c'est bien oui, oui c'est bien." Sarkozy continue : "C'est un humoriste qui fait rire les gens très, très..." Là, gros moment de flottement. Je sens que le mot ne vient pas, je vois tout le dictionnaire qui défile. Il finit par dire : "Très franchement".

Ce qui est dingue, c'est que je suis resté cinq bonnes minutes avec le Souverain Pontife alors que toutes les autres délégations n'avaient droit qu'à dix secondes, le temps de lui baiser la nouille et de se barrer. »

Jean-Marie n'a finalement qu'un seul regret : « *Je n'ai pas eu le temps de lui dire qu'aujourd'hui, il y avait des préservatifs avec des goûts différents comme banane ou cacahuète et que c'était vachement sympa.* »

RAPHAËL MEZRAHI

Parmi les moments surréalistes de notre émission, je me souviens de la venue en Espagne, en 2009, de Raphaël Mezrahi.

L'humoriste pince-sans-rire suit le Tour cette année-là pour la chaîne d'info iTélé. Il est heureux d'être au cœur de cet événement qu'il adore lui aussi depuis son enfance. De plus, il vient de triompher au théâtre des Variétés à Paris avec l'un de ses meilleurs spectacles, intitulé « *Monique est demandée caisse 12.* »

Pendant deux heures, le spectateur assiste à la vie insipide d'une caissière de Casino à moitié dépressive et de ses clients qui attendent Évelyne Leclerc pour l'inauguration d'un nouveau rayon. Pas de mise en scène, des comédiens qui chantent mal, mais dans ce délire inouï, la sauce prend à merveille. Tout le monde rit et à la fin du spectacle, chaque spectateur se voit remettre un sac de courses.

Pour agrémenter le tout, Mezrahi a eu l'idée géniale de ressortir des chansons totalement inconnues qui figurent parmi les plus gros bides de l'histoire de la chanson française. C'est l'une d'elles qu'il nous présente dans ce Village Départ à Gérone. Elle s'appelle « *La complainte du goéland (Ah si j'avais des plumes au cul* », chantée par un certain Eddy Pascal et sortie chez Tréma en 1977 :

« Ah si j'avais des plumes au cul
Je volerais vers le soleil
Mais j'ai survolé un barbecue
Elles repoussent plus pareil. »

Je ne sais pas si cette chanson a été écrite sous acide, mais le résultat est stupéfiant. Son interprète, le Belge Eddy Pascal a vendu au total huit exemplaires de ce chef d'œuvre. Si vous avez envie de vous détendre trois minutes, je vous conseille d'aller l'écouter sur YouTube, vous ne le regretterez pas. Certains internautes en ont fait, paraît-il, leur fin de banquet où toute la salle se met à vociférer le refrain.

Tel un chant du cygne, il semble que ce soit le dernier 45 tours d'Eddy Pascal après quelques productions aussi confidentielles, aux titres évocateurs : « L'été ne serait rien sans toi », « Que feras-tu de moi si tu m'aimes ? » ou « Raou ! fit le tigre qui s'abatta. » Il n'y avait qu'un Raphaël Mezrahi pour ressusciter trente ans plus tard un talent si méconnu et redonner vie à sa chanson.

Pour l'occasion, un clip est tourné à Paris, réunissant une

pléiade de stars : Jean Reno, Marc Lavoine, Michel Drucker, Renaud, Pierre Palmade, etc., tous tombés sous le charme de l'oiseau brûlé. La diffusion de cet ovni sur France 3 à 13 heures reste un grand souvenir de l'émission. Au-delà de la farce hilarante, Mezrahi témoigne d'une compassion non feinte pour ces naufragés de la chanson : « *Il y a d'autres pépites dans le spectacle. Par exemple "Le Schmirchmouf" d'Amédée Lampion, élu Lanterne d'or du 45 tours avec seulement six disques vendus. C'est magnifique. On est au-delà du ringard.* »

« Le Schmirchmouf ! » Ce titre de la fin des années 60 a pourtant bénéficié d'une belle promotion à la télévision, notamment chez Jacques Martin et Jean-Christophe Averty. En vain. Amédée Lampion, sorti du petit conservatoire de Mireille, a très vite mis fin à sa carrière, emporté par cette réputation de loser. Le genre de personnage que Raphaël Mezrahi aime sublimer dans ses spectacles.

Depuis trois ans, il met en scène « La nuit de la déprime » dans un grand music-hall parisien. Pendant trois heures, des stars de la chanson viennent interpréter les œuvres les plus tristes de leur répertoire. Cette année, c'est un Jean-François Copé submergé par les problèmes qui a donné le coup d'envoi de la soirée avec beaucoup d'autodérision. La mine déconfite, face caméra, l'ancien leader de l'UMP peine volontairement à trouver ses mots pour lancer le spectacle. À l'arrivée, on rit beaucoup, ce qui n'est pas le moindre des paradoxes. Raphaël a eu l'idée de cette soirée en écoutant « Marie l'inexorable » de Nicolas Peyrac : « C'est l'histoire d'un type qui monte dans le grenier de sa maison, se prend une poutre et reste coincé. Il pleut et l'eau monte dans sa maison. Le mec demande à sa femme, qui est aveugle, de sauver les enfants, car la maison va bientôt s'écrouler. Vous voyez le ton. Après cela, il me restait plus qu'à convaincre les artistes et trouver un slogan. »

Séduits par le projet, les plus grands acceptent de jouer le jeu gratuitement, de Sardou à Benabar en passant par Dutronc, Drucker, Perret, Nolwenn et bien d'autres. L'an prochain, « La nuit de la déprime » fêtera son quatrième anniversaire à l'Olympia avec toujours le même slogan : « À quoi sert de courir après le bonheur alors que la déprime est à portée de main ».

En fait, Raphaël a tout compris avant les autres. D'après une récente étude de l'université d'Iena en Allemagne, râler et afficher son pessimisme serait bon pour la santé. Les personnes qui expriment leur mauvaise humeur auraient en effet une plus longue espérance de vie. « La nuit de la déprime » a donc de beaux jours devant elle.

LAURENT GERRA

Entre Laurent Gerra et le Tour de France, c'est une histoire d'amour qui dure depuis l'enfance. Gamin, sa grand-mère l'emmène sur le bord des routes de l'Ain pour regarder passer les coureurs. Son oncle, un cycliste amateur de bon niveau, lui transmet sa passion du vélo. Petit à petit, il découvre cette ambiance populaire qui lui correspond déjà.

Devenu célèbre, la radio lui permet de suivre l'événement de plus près encore. Embauché par Europe 1, puis par RTL, il s'en donne à cœur joie pour le plus grand bonheur de ses fidèles auditeurs. Sa grande première à la radio, il l'a vécu en 1998, année de tous les dangers. Celle du départ en Irlande, de l'affaire Festina, des perquisitions et des gardes à vue.

Cerise sur le gâteau, lui qui déteste le football doit s'infliger le triomphe des Bleus : « *Au moment du départ à Dublin, nous étions en pleine Coupe du monde de foot avec la France en finale. Le soir, avec mon complice Jean-Jacques Péroni, nous avons tout fait pour trouver un restaurant qui ne diffusait pas le match. Mais c'était impossible. Même en Irlande.* »

Évidemment, Richard Virenque et l'équipe Festina en prennent pour leur grade : « *Le Tour est passé tout près de Lourdes. Miracle, tous les coureurs ont été contrôlés négatifs.* »

Sur Europe 1, il fait l'étape dans la voiture du consultant Cyrille Guimard, ancien cycliste et directeur d'équipe. Puis sur RTL, il renouvelle l'expérience et emmène dans ses bagages ses cibles privilégiées, les hommes politiques. Dominique Strauss-Kahn, en pleine tourmente, n'y échappe pas : « *J'adore le cyclisme. D'ailleurs, j'appelle souvent mes partenaires "Mes petites reines" avant de les enfourcher.* »

L'autre plaisir de Laurent pendant le Tour de France se situe chaque jour au kilomètre 80 environ. C'est le moment du petit détour par les chemins de traverse pour dénicher une bonne table. Ce qui n'est pas toujours simple. À Saint-Valéry-en-Caux en Normandie, le patron d'une gargote refuse de le servir avec son équipe : « *C'est le problème des 35 heures. À 14 heures, la cuisine est fermée. Il n'y a plus de personnel disponible, même en plein Tour de France. Dans ces cas-là, il faut vite se remettre à la recherche d'une autre table, car nous n'avons qu'une demi-heure pour déjeuner avant de reprendre la route. Jacques Chancel me disait toujours avec sa voix grave : "Il ne faut pas traîner et prendre beaucoup d'avance sur les coureurs, car ils vont très vite."* »

Le soir après sa chronique, la journée se termine parfois par un récital improvisé, comme en 2009 près d'Antibes, où l'imitateur est rejoint sur scène par Guimard, Fignon et Mezrahi. Un plaisir partagé, loin des soirées mondaines parisiennes qu'il exècre.

Natif de l'Ain, étudiant en communication à Lyon, Laurent Gerra a toujours été reconnaissant envers cette province qui l'a propulsé sur le devant de la scène il y a un peu plus de vingt ans : « *J'ai fait ma première tournée en 1992 grâce à Var Matin alors que personne ne me connaissait. J'étais habitué à des toutes petites salles jusqu'au jour où je me suis retrouvé devant des milliers de spectateurs. C'était à Carcès en Provence où le théâtre désormais porte mon nom. Un lien d'amitié très fort s'est créé entre nous. J'y ai reçu un tel accueil que j'ai promis aux Carçois de revenir tous les ans et de leur réserver la primeur d'un nouveau spectacle.* »

Nous avons retrouvé et diffusé sa première télévision en 1992 dans « La chance aux chansons » de Pascal Sevran. Sa marraine Mick Micheyl avait chaudement recommandé à l'animateur d'inviter ce jeune talent méconnu qui l'imitait à la perfection : « *Ahhhhhhhh, on est bien Tintin !* »

Sevran, hilare, l'interroge ensuite en l'appelant Philippe Gérard. Bientôt, son nom sera connu de la France entière.

Laurent Gerra est venu trois fois dans Village Départ. À Épernay en 2012, il retrouve une Geneviève de Fontenay en pleine forme à l'aube de ses 80 ans. La dame au chapeau n'a pas la mémoire qui flanche et s'adresse à lui d'entrée : « *Tu te souviens que ta complice Virginie Lemoine avait traité mes miss de dindes. Eh bien, en représailles, je lui avais envoyé une vraie dinde de Rungis accompagné d'un petit mot : Avec vous, ça fera deux.* »

Mes deux invités se régalent au lendemain d'une nouvelle désillusion de l'équipe de France de foot au Championnat d'Europe.

« *Ces joueurs ont un sac de son à la place du cerveau* », attaque Geneviève, toujours très mesurée. Laurent Gerra enchérit immédiatement : « *Moi, c'est leur érudition et leur vocabulaire qui me fascine.* » Puis avec la voix de Franck Ribéry : « *Je ne comprends pas ce que disent les cyclistes parce qu'il n'y a pas "va te faire enculer" quand ils parlent.* » Plus sérieusement, *c'est la raison pour laquelle j'admire les coureurs cyclistes. Ils sont humbles, disponibles même après avoir parcouru 200 kilomètres en pleine chaleur.* »

J'interroge aussi Laurent Gerra sur une rumeur persistante concernant la nouvelle première dame de France Valérie Trierweiller. Cette dernière lui aurait, selon les réseaux sociaux, interdit d'imiter son compagnon François Hollande : « *C'est n'importe quoi. C'est pour cela que je n'aime pas ces réseaux sociaux et le climat qu'ils génèrent. Ça fait un peu "joyeux délateur."* »

Pour mémoire, sur RTL pendant la campagne présidentielle, l'imitateur avait sorti une blague, devant le candidat Hollande, hilare : « *Les journalistes, il faut les terroriser ou coucher avec.* » Allusion perfide à Valérie Trierweiller.

En fait, personne ne pourra censurer Laurent Gerra ni l'amadouer. Jamais il n'acceptera la Légion d'honneur si on lui propose : « *C'est hors de question. J'avais un grand-père dans la résistance, lui la méritait.* » Même son de cloche du côté de Geneviève : « *C'est une médaille en chocolat. On la donne à n'importe qui. Françoise Sagan, Catherine Deneuve, Richard Bohringer, Berlioz l'ont tous refusé, ils ont eu bien raison.* » Voilà qui est dit.

Laurent Gerra n'a pas eu besoin de décoration pour fêter il y a quelques mois ses 25 ans de carrière. Sa plus belle récompense reste celle du public, l'unique baromètre d'une vraie popularité.

CHRISTOPHE ALÉVÊQUE

Le plus râleur des humoristes français fait partie des sociétaires de Village Départ. Avec lui, le cocktail est toujours explosif : réparties fulgurantes, mauvaise humeur réjouissante et vacheries en tout genre.

Christophe Alévêque est du reste, un vrai connaisseur de cyclisme. Avec son père, il n'a pas dû rater un seul Tour de France à la télé. Il a même osé gravir un jour le col du Galibier à la suite d'un pari stupide dans une soirée bien arrosée. Six heures de souffrances qu'il n'est pas prêt d'oublier.

En 2010, il nous présente son dernier livre-fiction : « Libertude, Égalitude, Fraternitude, Ségolène Royal est élue. » Une allusion à la fameuse « Bravitude », néologisme que la candidate à l'élection présidentielle a prononcé lors d'une visite sur la muraille de Chine. Mieux vaut pour les politiques, de droite comme de gauche, ne pas tomber entre ses griffes : « *Nicolas Sarkozy et Ségolène Royal avaient un point commun en 2007. Ils étaient tous les deux cocus.* »

En 2014 à Tallard, j'annonce la première chanson de l'émission :

« - *Voici Jean Schultheis "Confidence pour confidence". Un titre de 1981. Ça vous rappelle quelque chose Christophe ?*

- *Oui, la première désillusion socialiste !* »

Devant le public italien de Pinerolo, totalement médusé, il nous sort d'emblée :

«– *Buongiorno tutti et Vaffanculo Berlusconi !* »

Pas facile d'enchaîner après cela. Les journalistes aussi en prennent pour leur grade : « *Dans les journaux télévisés, on fait quinze minutes au mois de décembre pour dire : il neige en hiver. C'est pareil l'été avec la chaleur. J'appelle ça des épouvantails à cons.* »

Dans le Jura, Vincent Ferniot nous vante les mérites bien connus de la célèbre saucisse de Morteau posée en démonstration sur la table. Du pain bénit pour Christophe qui la prend dans ses mains : « *C'est un peu doux au toucher. Je pense que les jours de solitude, cela peut être aussi très agréable. Avec un moteur au bout.* »

Côté anecdote, celle vécue un soir lors de son tout premier one-man-show à Paris est fabuleuse : « *Je ne savais pas ce qui se passait dans la salle, j'entendais du bruit, des va-et-vient. C'était une femme qui perdait ses eaux. Le plus drôle, c'est que j'étais en train de faire un sketch sur l'accouchement précisément. Ça a dû lui déclencher quelque chose à l'intérieur. Je vous assure que c'est vrai. Après coup, j'ai appris que son mari qui l'accompagnait voulait absolument voir la fin du spectacle. Il disait aux pompiers qui voulaient évacuer sa femme : "Attendez, ça va être la fin."* »

Inoubliable aussi ce fou rire lorsque nous évoquons la tournée d'été 1973 de Joe Dassin avec le regretté Demis Roussos en première partie du spectacle :

« – *Cela s'est passé à Divonne-les-Bains en Haute-Savoie dans un hôtel que partageaient les deux vedettes. Une admiratrice de Dassin, qui voulait absolument passer la nuit avec son idole, parvient à soudoyer le concierge de l'hôtel pour obtenir un double de la clé de sa chambre. Une fois l'opération réussie, elle s'installe dans le lit de*

Dassin et l'attend patiemment, tout émoustillée. Seulement, entre-temps, Demis Roussos, qui n'aimait pas sa chambre, est descendu à l'accueil pour changer avec celle de Joe. À une heure du matin, après le spectacle, Demis monte donc se coucher...

– *Et là, elle se retrouve avec un gorille,* s'exclame Alévêque.

– *Quand la porte s'ouvre, la fille se met en effet à hurler dans tout l'hôtel.* »

Et nous, à hurler de rire. Je ne sais pas comment cette histoire à dormir debout s'est terminée, mais elle témoigne de la grande époque des tournées d'été. Les fans suivaient leurs idoles sur les routes, les attendaient à la sortie du concert, savaient dans quel hôtel les trouver. Un passé révolu depuis longtemps.

Cela dit, l'humour et la provocation de Christophe Alévêque n'ont pas toujours fait l'unanimité. Lors d'une interview pour le magazine « Sport mag », le trublion rebelle se lance dans une diatribe féroce contre l'icône du foot français Zinédine Zidane qui vient de toucher onze millions d'euros pour avoir soutenu la candidature du Qatar pour l'organisation de la Coupe du monde en 2022. Choqué par ces propos, Zidane porte plainte immédiatement. Le premier procès s'achève par la relaxe de l'humoriste, mais en appel, les juges disent exactement l'inverse et le condamnent à 5 000 euros de dommages et intérêts pour injures envers le footballeur et 5 000 euros supplémentaires pour frais d'avocats. L'accusé n'en revient pas : « *Dans la conclusion des juges, il y avait marqué : "Le salaire et les rémunérations des grands sportifs sont d'ordre privé et ne peuvent en aucun cas faire l'objet d'un débat public." C'est terrible, car si l'on remplace grands sportifs par hommes politiques, hommes d'affaires ou grands patrons, c'est une véritable censure qui se profile à l'horizon.* »

Du côté de la défense, on invoque la blessure causée à l'ex-footballeur et à sa famille. L'avocat de Zidane est formel : « *Aucun humoriste n'est allé aussi loin. Je suis allé chercher dans les textes de Pierre Desproges, il n'a jamais traité personne de pute.* » Sur le fond, notons que le tennisman Yannick Noah a lui aussi critiqué Zidane pour avoir accepté une telle somme du Qatar, mais les mots étaient davantage pesés.

On en revient à la liberté d'expression mise à mal ces derniers mois et qu'Alévêque revendique jusqu'au bout : « *Ma situation est celle d'un humoriste qui éreinte un personnage public, ça ne va pas plus loin.* »

Même si cette histoire ne le fait plus rire du tout, il ne lâche pas le morceau. Il s'est pourvu en cassation à titre conservatoire, en espérant enterrer définitivement cette affaire. Ses deux phrases dans la presse lui auront au bout du compte, coûté très cher.

LOUIS NICOLLIN

Il ne m'a pas fallu longtemps pour décider d'inscrire Louis Nicollin dans cette galerie de portraits. En effet, le président du club de football de Montpellier est un humoriste dans l'âme. Avec tout ce qu'il faut d'autodérision, de provocation et de culot. S'il n'avait pas réussi cette fabuleuse carrière à la tête de son club et de son entreprise de ramassage d'ordures, je l'aurais bien vu sur scène à faire du stand-up devant des foules hilares. Quand Montpellier est devenu champion de France en 2012, à la surprise générale, Loulou n'a pas hésité à singer le joueur Jéremy Menez avec une superbe crête orange et bleue sur sa tête. Sa réaction est à la hauteur du résultat : « *Quand je me regarde dans la glace, je me trouve intronchable.* »

Parmi les sorties les plus célèbres de Loulou, on retiendra : « *Je me mets à la place du président du PSG qui a un budget de je ne sais pas combien, quand il voit celui de Montpellier, il doit se poignarder le cul avec une saucisse le mec. Et encore, avec une saucisse ça ne fait pas trop mal.* »

Amis de la poésie, bonsoir. Ou celle-ci : « *Mes joueurs, je les paie plus cher que mes maîtresses. Et mes maîtresses au moins, elles me régalent la chique.* »

Ses sorties légendaires font le bonheur des journalistes qui avec lui, n'ont pas à subir les discours policés de la plupart des présidents de Ligue 1. Avec Loulou, on parle de tarlouzes, de branlettes espagnoles, de mange-merde, sans la moindre gêne.

Il faut dire que Louis Nicollin est un président à l'ancienne, comme on n'en fait plus. Il marche à l'affectif et tant pis pour ceux qui n'entrent pas dans son champ d'action.

À ce propos, sur le plateau de Village Départ, Louis nous fait part des amabilités qu'il a échangées avec un Djibril Cissé pourtant désireux de venir jouer à Montpellier : « *Quand il a fait la demande, je lui ai laissé entendre que je ne voulais pas d'un DJ dans mon équipe. Le comble, c'est qu'il a été mixé à la Churascaïa, la boîte de nuit dont je suis le propriétaire. Je ne voulais pas le payer, puis finalement j'ai suggéré à la directrice de lui donner le double pour qu'il ne revienne plus jamais.* »

La réponse du joueur sur son compte Twitter n'a pas tardé : « *Quel dommage, ça ne se fera pas avec Montpellier, un beau club, une belle ville. Mais avoir un président aussi con, ça doit pas être facile tous les jours.* »

En revanche, Diego Maradona avait toutes les faveurs du président montpelliérain. Mais le contact entre les deux hommes a vite tourné court : « *Maradona voulait entraîner un club en Europe. Un de mes amis, dont je tairai le nom, m'a permis d'entrer en contact avec lui. Après cela, j'ai eu affaire à une dizaine d'imprésarios qui tous prétendaient être l'officiel. J'en ai eu vite marre. C'est dommage parce qu'on l'aurait vu jongler avec le ballon, on aurait vendu des tee-shirts à son effigie. Cela dit, je n'ai pas de regrets parce qu'il aurait été trop cher pour nous.* »

Louis Nicollin règne en monarque sur son club et sur sa ville. À Montpellier, c'est la figure emblématique, comme l'a été l'ancien maire Georges Frêche ou un certain François Gigot de Lapeyronie. Ce dernier, peu connu, est une institution. L'hôpital porte le nom de ce chirurgien du XVIIe siècle, mais aussi une place et un hôtel.

Natif de Montpellier et très proche du roi Louis XV, son fait de gloire, que nous raconte Fabien Lecoeuvre qui n'en manque pas une dans ce domaine, est assez singulier. C'est en effet Lapeyronie qui en 1743 a découvert la maladie de la verge tordue. Une affection très douloureuse qui entraîne des érections molles. « *Moi je peux vous dire qu'elle est bien raide* », ajoute un Nicollin effaré par ces révélations. Fou rire général sur le plateau.

Au passage, Loulou tente à l'antenne une dernière petite approche auprès de la chanteuse Julie Pietri, assise à côté de lui : « *Elle a des yeux celle-là ! Ouffff !* »

Malgré ses envolées qui frôlent parfois la vulgarité, Louis Nicollin est un dinosaure qui, espérons-le, continuera encore longtemps à nous amuser. Avant d'être un chef d'entreprise, il demeure un inconditionnel féru de sport. Sa collection de maillots est unique au monde. Seuls quelques privilégiés ont accès à ce véritable temple, situé à l'intérieur de son immense mas camarguais et que l'on visite à bord d'une voiturette. Rien qu'en cyclisme, il possède plus de 1 500 reliques. Un bâtiment entier leur est dédié. Au détour des allées, on croise même la voiture publicitaire sur laquelle Yvette Horner a si souvent joué de l'accordéon ou le vélo de Richard Virenque. Son rêve est d'acheter à Jean-Paul Ollivier celui de Fausto Coppi. Pas sûr que « Polo la science » cède facilement aux sirènes du patriarche de Montpellier. Entre gardiens du temple, la lutte s'annonce serrée.

GÉRARD JUGNOT

La première fois que Gérard Jugnot est venu dans Village Départ, c'était à Bourg-Saint-Maurice. La veille, son avion avait atterri à Genève et après deux heures de routes tortueuses, il nous a rejoints tardivement dans la soirée. Heureusement, Vincent Ferniot avait réservé le meilleur restaurant savoyard du coin avec au menu toutes les spécialités locales, fondues, raclettes et autres tartiflettes. En fait, tout ce que Gérard Jugnot déteste. « *J'ai horreur du fromage* », nous dit-il à peine entré dans le restaurant. Il a donc fallu changer de crèmerie en hâte. Et manger plus léger.

Le lendemain, il nous raconte les péripéties houleuses du film culte « Les bronzés font du ski », tourné à quelques kilomètres, dans la station de Val d'Isère : « *C'était très compliqué. Je me souviens qu'en hélicoptère, on a failli être emportés par une tempête de neige. Et puis quand on tourne dans un endroit où les gens sont en vacances, on emmerde tout le monde. C'est sympa de faire du ski, mais rester dix heures le cul dans la neige avec des projecteurs, c'est quand même différent.* »

Pour la petite histoire, sachez que Michel Blanc et Dominique Lavanant ne savaient pas du tout skier. Cette dernière a d'ailleurs très mal vécu son séjour à Val d'Isère, se sentant totalement isolée du groupe. Aucun acteur ne voulait d'elle dans son hôtel. La comédienne termine en larmes et quitte la troupe du Splendid à l'issue du tournage.

L'équipe du film ne s'entend pas non plus avec les responsables de la station. Le nom « Val d'Isère » n'apparaît à aucun moment dans le film, ni même au générique de fin. Marc Bauer, propriétaire d'un hôtel trois étoiles au pied des pistes, raconte dans le journal *Le Point* : « *Les gars du Splendid nous emmerdaient sans arrêt, ils voulaient bloquer telle piste, tourner dans tel restaurant, etc. Tout le village en avait marre, ils nous gonflaient. Mais on a été trop cons, on a tout raté, c'était la publicité du siècle.* »

Gérard Jugnot se souvient également que le film n'avait pas eu beaucoup de succès à sa sortie en 1979 : « *C'est vrai qu'il est devenu culte plus tard, en vidéo et à la télévision. Aujourd'hui encore, les gens me citent des répliques que j'ai moi-même oubliées. Quand je skie avec Thierry Lhermitte, on met le compteur le matin et toute la journée, on compte le nombre de fois où les gens nous disent : "Eh ! Les bronzés font du ski !"* »

Quel skieur sur un télésiège n'a pas chanté « *Quand te reverrai-je, pays merveilleux, où ceux qui s'aiment vivent à deux* », un refrain signé Lhermitte et Jugnot ? À la base, Michel Blanc devait reprendre le célèbre « Étoiles des neiges », mais les ayants droit de la chanson ont refusé son utilisation dans le film.

Enfin, dernière anecdote méconnue : le film durait deux heures dix au départ. Le réalisateur Patrice Leconte a dû couper deux séquences de quarante minutes au total. L'une mettait aux prises Michel Blanc (Jean-Claude Dusse) et un Martin Lamotte passablement éméché à la sortie d'une discothèque. Dans l'autre, on retrouvait notre joyeuse bande perdue dans la montagne et songeant au cannibalisme pour survivre.

Deux ans après cette émission savoyarde, Gérard Jugnot est de retour à Issoire en Auvergne avec les comédiens de son dernier film « Beur sur la ville » réalisé par Djamel Bensalah. Au moment où Gilbert Montagné entonne sur scène « Les sunlights des tropiques », toute la troupe du film, Jugnot en tête, le rejoint autour du piano dans une ambiance indescriptible. Tout le monde chante, se déhanche devant des centaines de spectateurs. Des gens dansent sur leur balcon, des gamins se trémoussent sur les épaules de leur père. L'émission ce jour-là battra un nouveau record d'audience avec près de deux millions de téléspectateurs.

LES CH'TIS SUR LE TOUR

En dix ans, Village Départ a accueilli une bonne partie du casting de « Bienvenue chez les Ch'tis », film qui rappelons-le a dépassé les 20 millions d'entrées au cinéma.

Dany Boon participait l'an dernier à Bergerac à la course organisée par l'association Mécénat Chirurgie cardiaque qui grâce aux dons aide les enfants malades dans le monde.

Juste avant le départ, il débarque en tenue de cycliste sur notre plateau et plaisante en ch'ti avec le public qui scande son nom. Le comédien s'attend à souffrir sur la route, malgré un entraînement intensif auquel il s'astreint : « *Il me fallait un sport d'endurance quand j'ai arrêté la scène. Je fais donc entre quarante et cinquante kilomètres sur mon vélo trois fois par semaine. Mais je n'aime pas quand ça grimpe. Je suis un homme du Nord, je suis habitué au plat.* »

Dans « Bienvenue chez les Ch'tis », les scènes à bicyclette sont fameuses, notamment celle où Dany Boon et Kad Mérad s'arrêtent sur un pont pour uriner. Une poche coincée sous le bras devait leur permettre d'envoyer un jet conséquent, mais celle-ci se voyait systématiquement à l'écran. Les deux hommes ont donc décidé de boire de la bière, jusqu'à terminer complètement ivres. Sans forcer leur talent.

Le duo fonctionne à merveille, un peu comme Bourvil et Louis de Funès. Pourtant, Kad Mérad n'était pas le premier choix du réalisateur. Au départ, Dany Boon avait proposé le rôle à Daniel Auteuil qui, à cause de son emploi du temps chargé, a dû décliner l'offre. Auteuil est passé à côté des deux plus gros succès du cinéma français puisqu'il a également refusé d'incarner Philippe, le richissime handicapé dans « Intouchables ». Un rôle qui fera le bonheur de François Cluzet.

Kad Merad, notre invité l'an dernier, garde un excellent souvenir de l'émission. Ce n'était pourtant pas gagné au départ, Thierry Colby notre programmateur peut le confirmer : « *C'était le jour de la sortie des "Vacances du petit Nicolas". L'entourage de Kad Mérad me fait bien comprendre qu'il est très fatigué, qu'il a fait beaucoup de promos pour le film et qu'il ne faut pas trop lui en demander. Quand je vais le chercher à la gare de Lille le matin, je vois en effet un homme épuisé. Il n'en peut plus et c'est limite, l'émission de trop. En plus de cela, quand on arrive en Belgique, il pleut des cordes et il y a un monde fou qui lui tombe dessus en le voyant. Bref, la totale.* »

Il n'empêche, fatigue ou pas, Kad Mérad a été formidable dans ce Village Départ d'Ypres. Il me chambre gentiment, chante du Barzotti et du Stromae avec le public, parle de son enfance et plaisante avec Carinne Teyssandier en cuisine. L'acteur s'amuse, festoie et repart le cœur un peu plus léger. Colby est rassuré, malgré un nouvel imprévu : « *En retournant à la gare de Lille, on rate le train à cause d'un embouteillage monstrueux. Heureusement, dans la voiture, on découvre les chiffres du démarrage du film à 14 heures. Ils sont excellents. Et là, je vois le visage de Kad qui se détend. Il me dit : "Ce n'est pas grave, on prendra le suivant, il y a des trains toutes les heures pour Paris." D'un seul coup, il s'est dit que ce déplacement en Belgique a été bien utile.* »

Les autres acteurs de ce film culte nous ont aussi rendu visite sur Village Départ au cours de ces dernières années.

Stéphane Freiss, présent sur le plateau à Anthony, nous a d'ailleurs conté une anecdote étonnante vécue lors du tournage à Toronto du film « Wanted » dont il partage l'affiche avec Johnny Hallyday. Tout commence un soir dans un bar où l'ambiance a failli très mal tourner : « *Johnny qui est une star considérable chez nous n'est pas très connu au-delà de nos frontières. Quand on est entrés dans ce bar, on s'est assis à côté de deux types du genre bûcheron qui faisaient à peu près trois fois notre taille. Quand Johnny leur explique qu'il est chanteur en France, ils ne le croient pas une seconde et commencent à se moquer de lui. J'interviens en leur certifiant que Johnny est l'équivalent en France d'Elvis Presley. La discussion s'arrête là. Puis on va dîner à une table et à la fin du repas, Johnny sort fumer une cigarette. Les deux gars le rejoignent, très chaud, bien allumés et lui disent "Ah tiens, c'est la star ! Chante-nous une chanson la star !" Et là, je vois mon Johnny qui pour prouver sa bonne foi, se met à chanter "Le pénitencier" a cappella devant eux. C'était surréaliste et surtout très émouvant.* »

Enfin Jérôme Commandeur, de passage en 2009 à Martigny en Suisse, un an après la sortie de « Bienvenue chez les Ch'tis ». Sans brûler les étapes, Jérôme construit sa carrière intelligemment que ce soit sur scène, à la radio, à la télévision et au cinéma. Dany Boon, son producteur ne s'est pas trompé en misant sur lui à ce moment-là. Jérôme se lance maintenant dans la réalisation. Son premier film, coécrit avec Kevin Knepper, notre ancien programmateur, devrait sortir avant la fin de l'année.

10 ans de rires et d'images

La glace et le feu. Philippe Candeloro et Clara Morgane sur le plateau à Chablis, avec Vincent Ferniot.

Cyril Hanouna à Pau, un jour
où j'avais oublié d'enlever mon pyjama.

Le calme avant la tempête. Patrick Sébastien va déchaîner le public de Carcassonne.

Sur scène, c'est l'heure des « Sardines ».

Disque d'or pour Sébastien Patoche remis à Versailles. Le slip qui l'accompagne est un collector.

Bénabar et Sébastien Patoche réconciliés. Notre programmatrice Alice Sirera est ravie.

Instant tendresse avec Jean-Marie Bigard à Rouen.

Au Mans, Laurent Gerra, un amoureux du Tour de France, en compagnie de Bernard Hinault et Gozague Saint-Bris.

Christophe Alévêque
avec Bernard Hinault
et son fils Mickaël.

Louis Nicollin.
Le « parrain »
s'apprête
à engloutir le plat

Loulou plus intéressé par Julie que par la conversation.

Christian Prudhomme, patron du Tour, accueille Gérard Jugnot sur la ligne de départ d'Issoire.

En direct d'Issoire « Les sunlights des tropiques ».

À Bergerac
avec Dany Boon
en tenue
de cycliste.

Avec Kad Mérad à Ypres en Belgique.

10 ans de légendes

« Entre l'histoire et la légende,
je choisirai toujours la légende »

John FORD,
réalisateur américain.

Mes 40 années exercées en tant que speaker officiel du Tour de France m'ont permis de me rendre compte que cet événement dépassait le simple cadre sportif, aussi grand soit-il.

Au cours de cette aventure, j'ai eu la chance de recevoir des noms de légende lors du départ des étapes du Tour. Des présidents de la République, des ministres, des acteurs, des artistes se sont succédé pour soutenir leur favori ou tout simplement vivre une journée magique au sein de la plus grande cycliste du monde. Que de belles images, de beaux moments vécus et d'émotions partagées. Tiens, cela me rappelle que les frères Lumière, inventeurs du cinéma, ont filmé le Tour de France !

Plusieurs de ces rencontres m'ont particulièrement marqué et notamment celle, à la fin des années 70, à Luchon, quand j'eus le privilège d'accueillir Lino Ventura, venu encourager Bernard Hinault sous les regards ravis de Jacques Goddet et Félix Lévitan, patrons du Tour.

Le Tour de France est une fenêtre sur le Monde À toutes les époques, le Tour a attiré les plus grandes personnalités du moment. Bien avant mon arrivée, Orson Welles et Bourvil (ce dernier grand supporter de Jacques Anquetil) avaient déjà donné le départ d'une étape. Ah si j'avais pu être présent à ce moment-là

Même Hollywood s'est intéressé à l'événement. Ainsi, au départ d'une étape pyrénéenne, Dustin Hoffman est venu s'imprégner du parfum de la course, car il devait tenir le rôle d'un champion cycliste. Sûrement impressionné par « les vrais » le film ne vit jamais le jour. Arnold Schwarzenegger, Robin Williams, Ben Stiller, mais aussi l'homme politique John Kerry ont, au fil de leur venue sur la Grande Boucle, transporté leur passion du Tour de France aux États-Unis.

Vrai passionné, le célèbre couturier Paul Smith, ado, rêvait d'être le maillot jaune, il fut même coureur durant quelques années.

Bon nombre de ces stars venues sur le Tour retrouvaient leur enfance, l'odeur du jambon beurre lors d'un pique-nique en attendant le passage des coureurs. Je garde en mémoire leur regard illuminé et pourtant, ce matin-là, nos acteurs ne tiennent pas le rôle principal dévolu au maillot jaune ! Cela semble bien leur convenir !

Le coureur et l'acteur se regardent dans les yeux ! Lequel admire plus l'autre ?

Daniel MANGEAS

Daniel Mangeas et Raymond Poulidor, toujours partants pour une bonne blague

LÉGENDES AU FÉMININ

Depuis 1903, le Tour de France écrit sa légende et décrit l'histoire à travers ses héros magnifiques : de Louison Bobet à Bernard Hinault, de Jacques Anquetil à Laurent Fignon en passant par Greg LeMond et Fausto Coppi. Des hommes exclusivement, des forçats de la route que l'épreuve a rendus célèbres.

Longtemps, les femmes n'étaient pas les bienvenues sur la Grande Boucle. Elles n'ont été autorisées à suivre la course dans les voitures qu'à partir de 1979. Auparavant, les compagnes des coureurs devaient rester à la maison, car le sexe pénalisait la performance, disait-on. Le speaker officiel Daniel Mangeas, plus de 40 éditions du Tour de France au compteur, nous l'a rappelé un jour dans Village Départ : « *C'était très macho comme ambiance. Un jour, ma femme décide de m'accompagner sur une étape pour voir enfin à quoi cela ressemble. À chaque fois que la voiture de Félix Lévitan (directeur du TDF de 1962 à 1987) arrivait près de la nôtre, elle se glissait sous une couverture pour se planquer. Je me souviens aussi que Dalida avait dû porter casque, lunettes noires et foulard pour passer inaperçue.* »

En 1964, la chanteuse s'était déguisée en mécano avant de monter dans la Peugeot rouge du journaliste Antoine Blondin, jamais à court d'idées pour s'amuser. Au mépris de la loi, Dalida avait réussi à suivre deux étapes incognito, mais la supercherie sera dévoilée par une photo publiée pleine page dans le journal *Miroir Sprint,* un hebdomadaire de l'époque, proche du Parti communiste français.

En 1912, la romancière Colette était parvenue elle aussi à s'infiltrer au cœur de l'épreuve. Dans un style poétique et enlevé, elle raconta la dernière étape du Tour dans les colonnes du journal *Le Matin* dont le directeur n'était autre que son mari : « *Les cyclistes ont disparu, très vite, eux seuls muets dans le tumulte ; leur hâte à foncer en avant, leur silence semble les isoler de ce qui se passe ici... Mais voici d'autres gens, également montés sur deux roues. Ils semblent appartenir à une autre race. Un maquillage de sueur et de poussière les masque, empâte leur moustache. Leurs yeux caves entre des cils plâtreux leur donnent un air de puisatiers rescapés.* » Du grand art.

Sans subterfuge ou complicité, les femmes n'avaient donc aucun espoir de respirer l'air de la Grande Boucle si elles n'y étaient pas invitées. « *Il y a 30 ans, on ne voyait même pas une hôtesse dans les parages* », ajoute Mangeas, hilare. « *Aujourd'hui, je me demande s'il n'y a pas plus de filles que de garçons.* »

Après-guerre, les choses changent un peu, les mentalités évoluent, même si on l'a vu avec Dalida, la course en elle-même reste interdite à la gent féminine.

Les chanteuses font leur apparition en marge de la compétition, pour égayer la caravane publicitaire. Le Tour s'inspire ainsi des Six jours cyclistes de Paris qui, depuis 1926, couronnent leurs « Reines », choisies parmi les vedettes les plus populaires de l'époque.

Line Renaud, Yvette Horner et Annie Cordy deviendront de charmantes têtes de gondoles, laissant un souvenir indélébile dans l'histoire légère du Tour de France.

J'ai eu la joie de recevoir ces trois monuments de notre patrimoine culturel. À plus de 80 ans, elles n'ont rien oublié de cette époque bénie.

LINE RENAUD, LA PREMIÈRE.

L'histoire de « Mademoiselle from Armentières », venue nous voir à Brest le 5 juillet 2008, est extraordinaire.

En 1947, à peine sortie de l'adolescence, elle triomphe avec un titre resté célèbre : « Ma cabane au Canada. » Toute la France fredonne cette chanson qui passe en boucle à la radio, mais personne ne connaît son visage. La télévision en est à ses balbutiements, avec moins de 3 000 foyers équipés, et son impact auprès du public est quasiment nul.

Deux ans plus tard, son producteur et mentor Loulou Gasté, qui deviendra son mari, trouve enfin l'idée géniale pour promouvoir visuellement son petit joyau. Line Renaud sera la première artiste à participer au Tour de France.

Installée sur le toit d'une voiture décapotable en forme de cabane, avec rondins de bois, elle sillonne les routes de France, deux heures avant le passage des coureurs. Tout au long du parcours, le speaker de sa maison de disque Pathé-Marconi annonce d'une voix tonitruante : « *Mesdames et Messieurs, voici Line Renaud !* »

La foule se précipite alors pour découvrir celle qui les fait vibrer à la radio. Le soir, elle remet le maillot jaune au vainqueur et chante en plein air sur le podium de la ville d'arrivée. Le contrat est rempli. Pendant trois semaines, des centaines de milliers de personnes ont pu la voir, l'approcher, lui parler. Les photographes des journaux régionaux l'ont mitraillé pour leur Une du lendemain. Line en profite pour s'investir dans des actions caritatives. En Vendée par exemple, elle dédicace de nombreux petits cartons achetés par les spectateurs du Tour. L'argent récolté servira à la reconstruction des ponts détruits pendant la Seconde Guerre mondiale.

Line Renaud reviendra en 1958 à Bruxelles pour couper le ruban et libérer les 120 coureurs de cette nouvelle édition. Puis en 2008, à l'occasion de ses 80 ans, invitée par le directeur du Tour Christian Prudhomme : « *Je m'en souviens très bien, car Line Renaud est née le même jour que ma maman (2 juillet 1928). Quand je lui ai dit cela, elle m'a demandé de l'appeler et de lui passer le combiné. Je n'en revenais pas. Au lieu de lui parler, elle lui a chanté une chanson au téléphone.* »

Dans Village Départ, tout le public de Brest lui fait une ovation dès son arrivée en chantant spontanément « *Bon anniversaire* ». Le temps de raconter quelques anecdotes, d'évoquer son idole de toujours : Louison Bobet, et elle nous quitte pour donner le départ de la course du jour, comme elle l'avait fait 50 ans plus tôt.

TATA YOYO SUR LES ROUTES

Née la même année que Line Renaud, précisément deux semaines avant, Annie Cordy a vécu une aventure identique pour son premier Tour de France en 1952. Inconnue au départ, vedette à l'arrivée. La Grande Boucle est décidément le passage obligé pour doper une notoriété en province. Annie se souvient : « *J'étais debout dans ma décapotable. Je saluais les gens de la main, je me prenais pour De Gaulle. Malheureusement, on ne pouvait pas s'arrêter, car les coureurs étaient derrière nous. On nous disait toujours : "Allez, allez, avancez !".* »

Cette année-là, Charles Trenet et Tino Rossi sont également de la partie, engagés par un célèbre fabricant de pastis. Les marques d'alcool sont les premières à s'associer à la compétition, ce qui paraît incroyable de nos jours. Sur le parcours de la caravane, un speaker annonce les vedettes et chante à tue-tête : « *Ricard, Ricard, c'est le vrai pastis de Marseille.* » Lui au moins n'avait pas à se préoccuper de la mention « À consommer avec modération » à chaque fin de phrase.

Annie Cordy reviendra souvent sur le Tour de France, jusqu'en 1966. À ce moment-là, la mode est aux porte-clés. La chanteuse, qui en a des centaines à sa disposition, les jette à la foule sur son passage. Certains en plastique sont à son effigie avec une photo en noir et blanc. Mais d'autres en fer, gravés avec la carte de France, font de nombreux dégâts sur les spectateurs qui les reçoivent en pleine figure. La Croix Rouge dénombrera quelques centaines de blessés légers. Pour les collectionneurs, on trouve encore quelques-uns de ces porte-clés Annie Cordy en vente sur eBay.

J'ai reçu Annie à deux reprises dans Village Départ pour chanter ses incontournables « Tata Yoyo », « La bonne du curé » et « Ça ira mieux demain », sa chanson préférée. Sa popularité est impressionnante. Tout le monde, petit ou grand, vient la saluer. Avec infiniment de respect bien sûr. Deux agents de la sécurité, tombés sous son charme, en oublient même les règles élémentaires de leur fonction, emportés par l'émotion.

À l'antenne, Annie Cordy déploie une énergie surprenante et une joie de vivre communicative. À Cholet, elle s'essaie au badminton avec une bande de jeunes. Puis elle fait chanter « Cho Ka Ka O » au footballeur William Gallas qui, à ma grande surprise, connaît parfaitement le refrain. Voir Gallas murmurer : « *Rikiki le petit kiwi* » vaut son pesant d'or. Un grand moment.

LE MARATHON D'YVETTE

C'est certainement la plus emblématique de toutes, avec ses onze Tour de France, sans interruption. Sa passion pour la Grande

Boucle remonte à sa plus tendre enfance : « *À Bagnères-de-Bigorre, mes parents tenaient un hôtel et à chaque fois que le Tour passait, ma mère faisait des crêpes pour toute la famille et nous emmenait voir les coureurs.* »

De 1952 à 1963, Yvette Horner s'est baladée de ville en ville, affublée d'un sombrero et perchée sur le toit de son véhicule. Et pas question d'avoir le vertige : « *De là-haut, cela faisait une drôle d'impression, surtout dans les lacets et les virages. En montagne, quand on traversait les cols et que la falaise se présentait devant nous, je peux vous dire qu'on n'en menait pas large.* »

Lors d'un Village Départ à Gap en compagnie de Chantal Goya et de Patrick Fiori, Fabien Lecoeuvre nous raconte une anecdote fameuse qui a provoqué un fou rire général, repris dans bon nombre de bêtisiers : « *Lors de sa première participation, Yvette était sponsorisée par Calor, une célèbre marque de sèche-cheveux. À certains moments, elle ne pouvait pas monter sur le toit de sa voiture pour jouer, quand il pleuvait par exemple. Ou tout simplement quand elle avait besoin de se reposer. Pour la remplacer, les responsables de Calor avaient prévu une silhouette gonflable. Et pour gonfler cette espèce de poupée à l'effigie d'Yvette Horner, le séchoir était très utile dans l'orifice de la poupée...* »

Difficile à ce moment-là de se contenir. Patrick Fiori est écroulé de rire, couché sur la table :

« – *Je suis désolé Patrick de ces détails,* ajoute Fabien.

– *Quand je pense qu'il y a ma famille qui regarde !* »

Après Calor, Yvette a roulé pour l'apéritif Suze, d'où le surnom que lui donna un journaliste : « Suze la rousse ». Lors d'une arrivée d'étape à Aoste en Italie, alors que les coureurs sont encore en course dans les montagnes, un problème technique interrompt la liaison avec les deux commentateurs de la télévision française.

Panique à l'antenne, car les seules images sont celles de la ligne d'arrivée où évidemment il ne se passe rien. Le journaliste dépêché en studio à Paris pour meubler en est réduit à décrire le paysage, le ciel couvert et la bise légère.

Pour mettre de l'animation à Aoste et occuper l'antenne, on demande alors à Yvette, égérie du Tour, de jouer quelques airs de valses musettes, en attendant que la liaison soit rétablie.

En 2012, je l'invite à Orchies dans le Nord, en compagnie de Dany Brillant et de Baptiste Giabiconi. La veille, nous avions dîné à Lille avec son sympathique agent Jean-Pierre Brun. Âgée alors de 90 ans, elle affiche une forme olympique, divertissant toute la table et n'hésitant pas à faire le pitre pour raconter ses histoires de Tour de France.

Yvette, c'est 70 ans de carrière, plus de 150 albums. Dans ses cartons de souvenirs, le Tour garde une place particulière : « *Ce sont tout simplement les plus beaux moments de ma vie d'accordéoniste.* »

Quand on pense que ce petit bout de femme d'un 1 mètre 58 portait pendant cinq heures un instrument de douze kilos et qu'à l'arrivée de l'étape, sa journée était loin d'être terminée : « *Pour remettre les fleurs au vainqueur, j'étais toute sale, beaucoup plus que les coureurs, à cause de la poussière accumulée durant le parcours. J'avais même des pattes de moustiques qui me renteraient dans le nez. Et je n'avais rien pour me maquiller.* »

Dans chaque ville, les sollicitations sont incessantes : « *Au bord des routes, des gamins inscrits dans des clubs d'accordéon m'attendaient pour jouer devant moi et me demandaient des conseils.* »

Le soir, elle achevait sa journée sur scène, épuisée, avant de recommencer le lendemain, après une courte nuit.

Tous les jours, elle reçoit des lettres enflammées. L'un de ses fans, qui la harcèle quotidiennement, en vient même à la demander en mariage : « *J'ai dû lui dire en face : Monsieur, je vous respecte, mais vous ne m'intéressez pas ! Gardez vos timbres s'il vous plaît. Et ça a marché.* »

Aux passages à niveau, des garde-barrières refusent de la laisser passer si elle ne leur joue pas un petit air d'accordéon. Rien que pour eux. « *Ils voulaient à tout prix que je leur fasse "La marche des mineurs". Il y en a même un qui a fermé la barrière à clé. Impossible de passer, me dit-il. Le service d'ordre qui était derrière moi a dû lui ordonner d'ouvrir immédiatement.* »

Je crois qu'Yvette était vraiment heureuse de sa participation à Village Départ et j'espère pouvoir fêter à l'antenne ses 100 ans en 2022. Avant de rejoindre sa maison de retraite, elle prend la pose une nouvelle fois avec son ami Raymond Poulidor qu'elle considère comme un gamin avec ses 14 ans de moins. On aimerait tous vieillir comme eux, avec autant d'énergie et de joie de vivre.

CHANCEL ET LES PIONNIERS

JACQUES CHANCEL

Rendons à César ce qui lui appartient, Jacques Chancel est le premier, bien avant Village Départ, à avoir invité dans ses émissions du Tour de France, des personnalités de tous horizons. Ce mordu de vélo, fou amoureux de ses Pyrénées natales, est entré lui aussi dans la légende, depuis son décès le 23 décembre dernier.

Au milieu des années 80, il anime « À chacun son tour », une émission quotidienne, diffusée sur Antenne 2 juste après l'arrivée de l'étape. Durant une demi-heure, sous une petite tente de fortune, il reçoit le vainqueur du jour, encore en sueur, entouré de jeunes coureurs prometteurs, comme Thierry Marie ou Jean-François Bernard.

Ensemble, ils analysent l'étape, les difficultés du parcours et les efforts fournis. Rien de bien original en somme. Mais rapidement, Chancel décide d'élargir le panel d'invités autour de lui, comme sur le plateau du « Grand échiquier », avec un savant mélange des genres. À terme, il compte bien redorer le blason des sportifs, injustement rabaissés, selon lui, par l'intelligentsia parisienne. « *On considérait que les cyclistes étaient des ignares. Je me suis dit : pourquoi ne pas susciter des rencontres ? J'ai donc invité des acteurs, des écrivains, des philosophes. Et tous ces artistes posaient leurs questions aux coureurs* », explique le journaliste dans le journal *L'Écho républicain.*

Ainsi de 1985 à 1989, Salvador Dali, Christophe Dechavanne, Raymond Devos, Lino Ventura, Jean-Marc Thibault se retrouvent, après avoir suivi l'étape, devant Bernard Hinault, Laurent Fignon, Pedro Delgado ou Greg LeMond. « *J'ai dû entraîner dans cette aventure de juillet plusieurs centaines de personnalités qui, sans nous, n'auraient rien su des souffrances de cette horde sauvage* », jubile Chancel. D'autant plus que les champions comme Laurent Fignon apprécient : « *Avec ces gens-là, nous n'abordons plus la technique, nous pouvons enfin profiter de leur intelligence. Je me suis aperçu au fil du temps que les intellectuels ne nous méprisaient plus.* »

Étonnant Fignon.

Qui oserait imaginer Nibali, Valverde ou Contador prendre le temps de venir dialoguer avec Bernard Henri Levy par exemple ? « *Quand on pense que Roger Pingeon (vainqueur en 1967) faisait ses interviews dans sa baignoire, avec seulement trois ou quatre micros autour de lui* », explique Christian Prudhomme, le patron du Tour. « *Aujourd'hui, avec 190 pays qui retransmettent l'événement, ça n'a plus rien à voir. Rendez-vous compte qu'il y a 2.300 journalistes accrédités. Le maillot jaune passe plus d'une demi-heure chaque jour à répondre à toutes les sollicitations. Il lui faut ensuite attendre que le dernier coureur soit arrivé pour descendre en convoi. On reproche aux cyclistes de se réfugier dans leur bus ou leur hôtel, mais ils doivent se protéger. Car le public peut toujours les approcher, les toucher. Ce serait impensable d'imaginer Roger Federer par exemple dans un tel contexte.* »

Il y a trente ans, champions et artistes pouvaient donc tranquillement faire connaissance devant les caméras de Jacques Chancel. En 1985, l'animateur réalise le rêve d'enfant de Frédéric Dard. Admiratif, le père de San Antonio plonge pour la première fois dans l'ambiance du Tour : « *J'ai l'impression d'avoir découvert la France et même les Français. Il me semblait que j'étais sur un bateau dont l'étrave ouvrait le pays. Au fur et à mesure que j'avançais, je voyais une France que pourtant je connaissais, mais que j'ai découverte, que je voyais pour la première fois de cette façon. Et tous ces Français au bord des routes, c'est fantastique.* »

Jean-Paul Ollivier se souvient dans ses mémoires du jour où le chanteur Marcel Amont devait participer à son tour à l'émission de Jacques Chancel. Dans la voiture qui le conduit au plateau, Marcel demande à Jean-Paul :

« – *Qu'est-ce que je vais bien pouvoir dire à Chancel qui ne soit pas trop banal ?*

– *Tu vas lui raconter une très belle histoire. Celle en 1952 de ce jeune périgourdin de vingt ans qui attaque comme un forcené à chaque étape. Fausto Coppi, le grand leader de l'époque s'étonne de sa démarche agressive, contre-productive et essaie de le ramener à la raison. "Je cherche à tout prix à gagner une étape, lui répond le gamin, et surtout celle qui va arriver chez moi à Limoges." Coppi lui dit alors : "Écoute, dans l'étape de Limoges, je te le promets, je ne mettrai aucun Italien de mon équipe pour contrarier tes souhaits." Coppi l'a fait et Jacques Viviers s'impose en solitaire devant tous ses amis et sa famille venus l'acclamer. Au micro de Georges Briquet, l'heureux vainqueur lâche humblement : "Je remercie infiniment Fausto Coppi de m'avoir laissé gagner l'étape."* »

Marcel Amont n'a pas manqué une miette de cette histoire montrant la solidarité exemplaire qu'il pouvait y avoir dans ce milieu. Après l'avoir répétée avec Jean-Paul pour n'oublier aucun détail, il la ressort telle quelle devant un Jacques Chancel subjugué. Ce dernier croise Jean-Paul après l'émission et lui dit : « *Tu as vu Marcel Amont. Il connaît le vélo, c'est formidable.* »

Jean-Paul s'est contenté de sourire, laissant les deux hommes à leur joie.

Parmi tous les invités d'« A chacun son tour », le plus coriace fut certainement Bernard Tapie, alors patron de l'équipe cycliste « La vie claire ». En 1986, la concurrence est rude au sein de sa formation, entre ses deux leaders Bernard Hinault et Greg LeMond. Les journalistes s'en donnent à cœur joie pour mettre de l'huile sur le feu. Ce qui a le don d'agacer un Bernard Tapie, particulièrement remonté ce 17 juillet face à Chancel : « *l'analyse que vous faites du vélo, vous tous, Chancel compris, est une analyse qui a trente ans d'âge. Aujourd'hui, une entreprise qui investit dans le cyclisme ne peut plus prendre le risque d'avoir qu'un seul leader.* »

Christophe Dechavanne, présent sur le plateau, en remet une couche :

« – *On entend des tas de choses. Que vous auriez demandé à LeMond de gagner plus d'étapes que Hinault !*

Il faut arrêter de créer une polémique qui va exister à force de l'entretenir. C'est une rivalité acceptée par les deux coureurs depuis un an. Tout à l'heure, Chapatte a dit au micro : Hinault est parti, il a piégé LeMond. Mais Hinault, il part avant tout pour piéger nos adversaires. Vous ne comprenez rien au cyclisme. »

Mais Jacques Chancel ne désarme pas :

« – *Bernard Tapie, vous avez installé la guerre en disant : je souhaite la victoire de Greg LeMond.*

Vous n'avez rien compris vous aussi. J'ai dit : "Je crois que LeMond va gagner parce que ce Tour très montagneux est fait pour lui." C'est pas plus compliqué que cela. »

Une altercation mémorable sous les yeux du vainqueur d'étape Jean-François Bernard, silencieux, épuisé, tête baissée. Un grand moment de télé sur une affaire qui a marqué l'histoire de la Grande Boucle.

LE TOUR ET LA TÉLÉ

Depuis toujours, le Tour de France crée les champions et non l'inverse. Et c'est la télévision qui le sublime et lui offre une exposition mondiale.

Les caméras ont débarqué pour la première fois en 1948. Les rares téléspectateurs en possession d'un petit écran assistent en direct, le dimanche 25 juillet, à l'arrivée de la dernière étape dans le vélodrome du Parc des princes et au sacre de Gino Bartali. Seules les dernières minutes de la compétition sont retransmises, avec des images de mauvaise qualité en noir et blanc.

Dans les années 50, ce n'est guère mieux. Un simple résumé de l'étape de la veille, commenté par Georges de Caunes, est diffusé vers midi et demi sur la seule chaîne française. Le premier vrai direct au cœur de la course a lieu le 8 juillet 1958. Des caméras fixes sont installées au sommet de l'Aubisque dans les Pyrénées, hélas, en plein brouillard. Autant vous dire que l'on n'a pas vu grand-chose. Puis les caméras HF sur les motos font leur apparition en 1962 afin de suivre les derniers kilomètres d'une étape.

Après moult conflits avec les organisateurs, la presse écrite et les actualités cinématographiques, la télévision trouve enfin sa place, non plus comme une concurrente, mais comme le vecteur d'un fabuleux spectacle sportif. De grands journalistes lui donnent une âme à l'antenne : Robert Chapatte, Léon Zitrone, Jacques Chancel, Gérard Holtz, Patrick Chêne et j'en passe. Aucune femme ne figure dans ce catalogue prestigieux d'une épreuve réputée macho, mais personne ne s'en offusque. Le CSA, si prompt à féminiser le sport n'en a que faire. Allez savoir pourquoi. Le vélo reste une affaire d'homme, sur une selle et au micro.

Autour du direct, des magazines voient le jour. Le premier en 1970, crée non pas par le directeur des sports de l'ORTF, mais par le directeur du Tour de France Félix Lévitan. Ce personnage charismatique avait parfaitement compris que « la télé ne pouvait que servir le Tour », selon ses propres termes. Et lui aussi par la même occasion. Félix Lévitan présente en effet ce premier magazine télévisé intitulé « Face au tour », avec en guise de générique un plan de vingt bonnes secondes sur sa bobine, regardant fixement la caméra sur une musique champêtre.

Vous imaginez par exemple Jean Gachassin, président de la Fédération française de tennis, présenter le magazine de Roland Garros sur France 2 ?

Cela dit, l'émission « Face au tour », qui ne dure qu'une dizaine de minutes, lance l'idée d'un supplément indispensable au public pour comprendre les rouages d'une épreuve souvent technique. Il n'est pas inutile non plus de rappeler que tous les directeurs du Tour de France à ce jour ont été des journalistes. Henri Desgrange son créateur, Jacques Goddet (qui refusa par ailleurs, en 1942, d'organiser une épreuve exigée par les autorités allemandes et calquée sur le Tour), Félix Lévitan, Jean-Marie Leblanc et aujourd'hui Christian Prudhomme. Contrairement aux autres, ce dernier n'a pas été coureur cycliste, mais il s'est rapidement imposé à ce poste grâce à son impressionnante culture de ce sport, un entregent efficace et une passion sans borne : « *Pour un patron du Tour, l'aspect communication est essentiel. Un journaliste a l'habitude de s'exprimer. Sans cette facilité-là, ce n'est pas simple, car nous sommes en permanence en interview ou en représentation. Rendez-vous compte que je ne peux même pas écouter tous les messages vocaux sur mon portable. Il y en a trop. France Inter et France Info m'ont proposé une chronique quotidienne sur leur antenne pendant le Tour, mais c'est impossible à gérer. Nous sommes tout le temps sur le terrain, comme les hommes politiques, sans les élections.* »

Robert Chapatte reprendra le flambeau de « Face au tour » au milieu des années 70, dans des conditions parfois rocambolesques. Le 10 juillet 1976, le célèbre commentateur apparaît à l'antenne avec quinze minutes de retard, en expliquant, non sans une certaine gêne, le problème aux téléspectateurs : « *Une pelleteuse des PTT a arraché les fils qui nous relient à vous, ces fils de communication entre Saint-Lary-Soulan où nous sommes et Paris. Veuillez nous excuser de ce contretemps malheureux.* »

La situation est encore plus drôle quand on songe au slogan des PTT : « Les hommes qui relient les hommes. »

Après Chapatte, Jacques Chancel sera donc la figure de proue des magazines des années 80. Puis viendra Gérard Holtz avec son « Vélo club ». Toujours avec le même succès.

Village Départ ne ressemble en rien à ces illustres prédécesseurs. N'ayant aucune envie de piétiner leurs plates-bandes, j'ai très vite opté pour l'autre aspect incontournable du Tour de France. Celui de la fête, du public, des régions, des chansons et de la gastronomie. Son positionnement avant l'étape nous offre une tribune idéale pour cela. Un moment de détente et de découverte qui nous rappelle les grandes heures de « Midi Première », le rendez-vous quotidien de Danièle Gilbert dans les années 70. Elle aussi a connu toutes les joies du direct en extérieur, avec moins de moyens que nous. Sans table, sans scène ni toit pour s'abriter, mais avec la fidélité et la disponibilité des plus grands artistes. Dans Village Départ, Danièle nous raconte une de ses mésaventures, survenue en Corse en novembre 1976. Des personnes malintentionnées avaient saboté le car régie de « Midi Première », juste avant d'enregistrer l'émission diffusée le lendemain. Les invités Sheila et Sacha Distel ne pouvant attendre le rapatriement d'un nouveau car, Danièle téléphone en catastrophe à Claude François : « *Je lui dis : "Claude, j'ai un immense service à te demander. Peux-tu venir nous dépanner. Viens tout seul, on se débrouillera." Finalement, Claude François a pris son jet privé, a emmené toutes ses Clodettes avec lui, sa fiancée Kathleen et on a tourné l'une des plus belles séquences de l'émission dans les Calanques de Piana.* »

Une seule caméra était disponible pour tourner vingt-six minutes d'émission. Le réalisateur Jacques Pierre a dû quitter sa régie, préférant donner ses consignes à Claude François et à son cameraman directement sur le plateau pendant les chansons. Et la magie du direct a opéré.

Danièle Gilbert a connu, je crois, les aléas les plus improbables lors de ses déplacements. Daniel Guichard par exemple a chanté au milieu d'un troupeau de vaches lâché par des agriculteurs en colère.

Ringo, en plein play-back, a violemment plaqué au sol un jeune manifestant chevelu, muni d'une banderole. L'homme a ensuite déguerpi à toute vitesse, sans demander son reste, poursuivi par un technicien de plateau. Quand on écoute les paroles pacifistes de sa chanson à ce moment-là, la scène est encore plus drôle : « *Si tu veux m'arracher la terre qui m'a vu naître, je ne me battrais pas, prends-la, elle est à toi...* » Après l'incident, Ringo avouera avoir eu un « petit geste brusque. »

Autre scène peu banale dans son émission, avec dans le rôle principal Hervé Vilard. Assis à l'arrière d'un train, il commence sa chanson, quand le véhicule démarre sans prévenir.

Stoïque, l'interprète de « Capri, c'est fini » continue à chanter comme si rien ne se passait. Le cameraman se met à zoomer, zoomer, zoomer jusqu'au maximum pendant qu'Hervé file au loin. En repensant à toutes ces situations rocambolesques, je me dis que Village Départ est le digne héritier de « Midi Première ». Quand péripéties et ferveur populaire ne font plus qu'un. Tout ce qu'un programme enregistré a bien du mal à faire passer.

JEAN-PAUL OLLIVIER

En 2006, Jean-Paul Ollivier, dit « Polo la science », est présent tous les matins sur le plateau de Village Départ pour une rubrique intitulée « La question impossible ». Tous les matins, j'essaie de le coller en remontant très loin dans le passé de la Grande Boucle.

La séquence commence sur la musique de la célèbre série américaine du même nom. Pendant que la caméra de Fred Godard se rapproche lentement de son visage pour finir sur son regard, je lui pose la fameuse question du jour. Une seule fois, il me semble faillir : « *Quelle personnalité célèbre a donné le départ du Tour de France à Paris en 1947, le premier Tour après la Seconde Guerre mondiale ?* »

Les quinze secondes de réflexion sont pratiquement écoulées. Des gouttes de sueur perlent sur le front de ma victime. Le gong retentit. Je me dis qu'enfin, j'arrive à le sécher. Mais dans une fulgurance venue du fin fond de sa mémoire, il nous sort la bonne réponse : « *Marcel Cerdan.* »

Incollable, je vous dis.

Chez Jean-Paul, comme dans un DVD, il y a toujours un bonus, une info supplémentaire. Puisque la question porte sur l'année 1947, il nous rappelle que cette année-là le Tour de France est patronné par un nouveau journal *L'Équipe* crée l'année précédente pour succéder à *L'Auto,* devenu indésirable pour avoir paru pendant l'occupation. Son directeur, Jacques Goddet, a su utiliser ses relations avec la résistance pour transformer le titre et le faire renaître de ses cendres.

Polo est un ordinateur, mais aussi un conteur. Dans cette même émission, il se souvient également des Championnats du monde sur route de 1962 qui ont eu lieu en Italie, dans la ville de Salo et qui étaient retransmis à la télévision : « *Il y avait à l'antenne à Paris le présentateur de l'après-midi André Bilal et sur place en Italie le commentateur de la RTF Georges Briquet. Les deux hommes se haïssaient. Au moment de passer la parole à Georges Briquet pour la retransmission, Bilal le lance avec cette phrase magnifique : "Tout de suite, nous allons retrouver les Mondiaux de cyclisme ! À vous Georges Briquet, à vous Salo !" En insistant bien sur le mot Salo. Le présentateur avait sauté sur l'occasion, tout en étant irréprochable dans sa formulation.* »

Ce passionné d'histoire a réussi comme personne à magnifier la France à travers la course. Grâce à lui, monuments et coutumes locales sont devenus indissociables du Tour de France.

Aujourd'hui à la retraite, Jean-Paul est toujours le bienvenu dans Village Départ. Pour évoquer ses souvenirs innombrables avec les grands champions comme Bernard Hinault qu'il emmena un jour sur la tombe de Fausto Coppi. Ce qui valut enfin au Breton les éloges de la presse italienne et le respect des tifosi. Ou Raymond Poulidor qui lui demanda de taper son contrat à la machine. Une telle proximité entre le journaliste et le sportif paraît inconcevable aujourd'hui. Le moindre signe de connivence comme le tutoiement est déjà suspect aux yeux des donneurs de leçons qui peuplent les réseaux sociaux. Il y a trente ans, Thierry Roland était très proche de Michel Platini et de sa bande. Ils s'invitaient à la maison, buvaient des coups ensemble. Ce qui n'empêchait pas le célèbre commentateur d'être critique quand il le fallait.

Parmi les historiens spécialistes du Tour de France, je pense au passionnant Jean Durry, venu nous voir à Arc-et-Senans dans le Doubs un jour de contre-la-montre. Cet ancien coureur et créateur du Musée du sport français nous plonge en quelques mots dans l'univers particulier de cette épreuve : « *Il y a des coureurs qui sont sublimés par la course dans le peloton. Ils cherchent le coude à coude et la rivalité avec les autres. Le contre-la-montre, c'est autre chose. C'est la classe, on l'a ou on ne l'a pas. Il faut pouvoir se concentrer de façon extraordinaire, car on est tout seul dans cette épreuve.* »

Les historiens ont le sens de la formule pour résumer une situation. Jacques Marchand, journaliste sportif et créateur du « Tour de l'avenir », écrivit un jour : « *Un arrêt du Tour, c'est un arrêt du cœur, et pas seulement pour le sport cycliste. Car à chaque fois que le Tour a été arrêté (1915 et 1940), c'est parce que le monde lui-même avait perdu les pédales.* »

PIERRE BELLEMARE

J'ai eu le plaisir de le recevoir à Bergerac l'an dernier. À peine arrivé, il me confie que c'est la première fois de sa vie, à 85 ans, qu'il vient sur une étape du Tour de France et qu'il n'est même jamais monté sur un vélo : « *La raison est simple. J'avais dix ans au début de la Seconde Guerre mondiale. À cause des réquisitions et de la pénurie d'essence, les gens laissaient leur voiture au garage et n'utilisaient plus que leur bicyclette pour se déplacer. Moi, comme je n'en avais pas, je n'ai pas pu apprendre à m'en servir. Et après la guerre, devenu adolescent, c'était trop tard. Je me souviens que sur le plateau de "Coucou c'est nous", Christophe Dechavanne m'avait demandé d'essayer de monter sur un vélo. Ce que j'ai fait jusqu'au premier virage où je me suis retrouvé les fesses par terre.* »

Pierre Bellemare est un dinosaure de la télévision, terme qui du reste ne le dérange nullement. C'est l'un de nos pionniers, un de ceux qui a inventé la télé : « *Quand on réussissait à aller au bout d'une émission sans trop de problèmes, on était heureux, on se tombait dans les bras les uns les autres. Tout était en direct et il n'y avait aucun moyen de se revoir à l'image. Alors on demandait à nos parents comment c'était. Il n'y avait pas d'audience non plus. Notre seul indicateur de satisfaction était le courrier des téléspectateurs.* »

À l'époque, dans les années 50, les postes de télévision étaient rares dans les foyers. Les gens se regroupaient par vingtaine chez les heureux propriétaires et découvraient les premières retransmissions sportives. Dans les années 70, ce sont les rayons d'électroménagers qui sont pris d'assaut le samedi après-midi, lorsque l'équipe de France de rugby dispute ses matchs du Tournoi des cinq nations. Dans les magasins, une centaine de badauds suivent la rencontre devant les postes en exposition. Ces attroupements font le bonheur des pickpockets et des voleurs à l'étalage, obligeant les directeurs d'hypermarchés à installer des caméras de surveillance dans cette zone.

Pierre Bellemare a également importé le prompteur à l'issue d'un voyage aux États-Unis en 1957. Un outil institutionnalisé dans les années 70 et diversement apprécié par les présentateurs. Roger Gicquel, la star du 20h de TF1, le vénérait pour faire ses lancements ou plutôt ses éditos, sans quitter des yeux la caméra. En revanche, Yves Mourousi refusait catégoriquement de s'en servir. Quant à Léon Zitrone, il l'accepte finalement, mais avec un brin de fatalisme : « *Avec ce système, les moins bons deviennent meilleurs. Mais les meilleurs deviennent moins bons.* »

Aujourd'hui, le prompteur est utilisé à toutes les sauces, même dans des émissions de divertissement, ce qui pour moi est une aberration. Comment peut-on présenter un show de variétés pendant trois heures sans quitter des yeux un texte qui défile ? Où est la spontanéité, l'improvisation, le naturel ? Je me le demande. Le prompteur robotise les animateurs. Mais comme disait Zitrone, il faut bien cacher certaines faiblesses.

Néanmoins, Pierre Bellemare reste nostalgique de cette période de liberté totale : « *Quand on pense qu'on fumait sur les plateaux. Dans le jeu "La tête et les jambes", lorsque je voyais des candidats un peu stressés, je leur offrais une cigarette. On s'arrêtait cinq minutes et on fumait une tige ensemble.* »

Était-ce pour autant « mieux avant » comme le prônent certains ? 2000 ans avant Jésus-Christ, un prêtre égyptien disait : « *Notre monde a atteint un stade critique. Les enfants n'écoutent plus leurs parents. La fin du monde ne peut pas être loin.* » Bref, le débat agite les esprits depuis la nuit des temps et continuera encore. Comme je le soulignais plus haut, chaque période a ses privilèges et ses fléaux. Ceux qui regrettent la télévision d'autrefois oublient qu'ils n'avaient que trois chaînes en noir et blanc, qu'ils regardaient sur des écrans minuscules. En 1977, le Premier ministre Raymond Barre avait donné l'ordre aux directeurs de chaînes de terminer leur programme à 23 heures pour économiser l'électricité. Quelle économie Mesdames, Messieurs !!

Mais tout cela, les nostalgiques l'ont peut-être oublié.

PIERRE BONTE

C'est en 1963 que Pierre Bonte participe à son premier Tour de France. À bord d'une Panhard décapotable, il suit la course pour son émission quotidienne « Bonjour monsieur le Maire » sur Europe 1. Son nom est inscrit en gros sur le capot avant de la voiture : « *Je faisais uniquement de la radio à l'époque, donc personne ne me connaissait. Pour être reconnu, il fallait bien mettre mon nom, comme une étiquette. Sur les routes, je levais le pouce pour désigner le 1 d'Europe 1 et les gens me répondaient de la même façon. Cela nous motivait et prouvait que notre jeune radio avait des auditeurs* (Europe 1 avait huit ans en 1963, ndla)

Cette même année, Pierre Bonte fait une rencontre qui va bouleverser sa vie, mais il ne le sait pas encore. Tous les soirs, Jacques Martin est à l'affiche du podium Europe 1. Les deux hommes sympathisent et ne se quittent plus : « *Jacques avait sa propre voiture avec chauffeur, mais il préférait monter dans la mienne et s'arrêter dans les villages où j'enregistrais mon émission. On dégustait les produits locaux, on bavardait avec les villageois. C'était convivial et très enrichissant.* »

Jacques Martin n'oubliera pas ces moments passés sur le Tour de France avec son ami. En 1975, au moment de constituer l'équipe de sa nouvelle émission sur TF1 « Le petit rapporteur », il pense en priorité à Pierre Bonte. C'est lui que Jacques Martin appelle en premier. Puis viendront Stéphane Collaro, Daniel Prévost, Pierre Desproges, etc. Le succès de l'émission satirique est immédiat et Pierre qui n'avait jamais fait de télé devient une vedette du petit écran : « *"Le petit rapporteur", c'est le premier souffle de liberté à la télé. Personne n'avait osé faire cela avant. Je me souviens du maire d'Eu en Seine-Maritime qui avait refusé de nous recevoir de peur que l'on abuse des plaisanteries douteuses à son sujet. Le maire d'Eu, c'était du pain bénit pour nous. Surtout après le reportage de Prévost à Montcuq qui avait faire rire la France entière.* »

Aux yeux des téléspectateurs, Pierre Bonte est le porte-parole du monde rural. Il se régale de ces querelles de clocher de plus en plus nombreuses : « *Les néo-ruraux ont remplacé les jeunes qui sont partis à la ville dans les années 70 et 80. Ce sont des citadins qui s'installent pour apprécier les charmes de la campagne, mais qui ne supportent pas les désagréments comme les bruits ou les odeurs de bouses de vaches. Les conflits vont parfois très loin. C'est un tribunal par exemple qui a ordonné l'arrêt des cloches de l'angélus dans une commune. J'ai vu un paysan écoper de 1500 euros d'amende pour avoir laissé son coq chanter à trois heures du matin.* »

Pierre distille encore sa bonne humeur et son amour du terroir dans l'émission de Laurent Boyer « Midi en France » sur France 3. Il profite, à 82 ans, de ce bonus bien agréable que lui offre la télévision.

LÉGENDE EN MUSIQUE

DE CLOCLO À NICLO

Fabien Lecoeuvre a rejoint l'émission comme chroniqueur en 2010. On s'était rencontrés l'année précédente à Colmar, où j'avais reçu sa compagne, l'actrice Anne Richard. Nous avons tout de suite sympathisé en évoquant Claude François que j'admire depuis ma plus tendre enfance. Sa connaissance pointue de la chanson française et ses talents de conteur ont animé Village Départ durant cinq ans. Des histoires insolites, il en connaît sur tout le monde. Certaines sont même inracontables à la télévision.

Lors de son premier Village Départ, à Bruxelles, Fabien nous montre l'une des plus célèbres vestes de scène de Cloclo, lamée rouge et scintillante, que l'artiste portait lors de sa tournée d'été en 1973 et au Forest National de Bruxelles en 1974. Il existait trois exemplaires au total de ce costume : l'un détruit après un concert, un autre gagné à l'époque par un lecteur du magazine Podium et un dernier qui avait disparu depuis plus de 30 ans. « *Et savez-vous qui a dérobé cette veste ? C'est incroyable, mais c'est un membre de la famille de l'humoriste Patrick Bosso* », nous explique Fabien.

Claude François junior, le fils aîné de l'artiste, présent sur le plateau, confirme l'information : « *Je produis moi-même Patrick Bosso et je peux vous assurer que c'est vrai. Sur scène tous les soirs, Bosso raconte à son public que c'est son oncle qui a volé la veste en 1973.* »

En 2014, une relique (celle du gagnant de *Podium*) est vendue aux enchères à l'Hôtel Drouot à Paris. Elle s'arrache à 36 850 euros, soit le double de son estimation haute. Son acheteur n'est autre que... Fabien Lecoeuvre.

Tous les jours dans Village Départ, Fabien raconte le moment qui a changé la vie des artistes. Quand le destin frappe à la porte au bon moment.

À ce sujet, l'exemple de Jean-Luc Lahaye est étonnant. Invité à Rodez, le chanteur nous explique lui-même cette rencontre décisive en 1981 alors qu'il galère depuis trois ans pour se faire connaître : « *J'étais sur ma moto rue de Rivoli à Paris. À chaque feu rouge, je m'arrêtais devant une Austin pour draguer la conductrice, une ravissante blonde. Je lui racontais que j'étais chanteur afin d'obtenir son numéro de téléphone. À un moment donné, elle me dit un peu exaspérée : "Écoute, tu ne m'intéresses pas du tout, mais puisque, soi-disant, tu es chanteur, suis-moi, on va voir ce que tu vaux ! " C'était Lana Sebastian, une pointure dans le Show-biz, qui avec son frère Paul a composé des tubes énormes comme "Gigi Lamoroso" pour Dalida ou "Les gondoles à Venise" pour Sheila et Ringo.* »

Commence alors un véritable conte de fées. Quelques semaines plus tard, après des essais fructueux, Jean-Luc enregistre « Femme que j'aime », signé évidemment Paul et Lana Sebastian.

En plein développement des radios libres, c'est NRJ qui, la première, lancera ce titre. Au final, avec plus d'un million d'exemplaires vendus, « Femme que j'aime » deviendra le grand succès de l'été 1982.

De façon plus imagée encore, l'inénarrable Francky Vincent nous explique comment est né son tube « Fruit de la passion » : « *Pendant l'acte ! Ma partenaire me répétait sans cesse : "Vas-y Francky, vas-y Francky, c'est bon !" J'ai tout arrêté et j'ai pris ma guitare pour composer ce fameux refrain qui a fait le tour du monde.* »

Faut-il vraiment le croire ? Connaissant le personnage, cette version des faits n'a rien d'extraordinaire.

La genèse d'un succès est une source inépuisable. En Belgique, Frédéric François me raconte ce fameux jour qui a complètement relancé sa carrière. En 1982, il connaît en effet une sérieuse traversée du désert comme beaucoup de chanteurs des années 70, emportés par la vague disco. « *Après avoir participé à une émission sur RTL TV, je me promenais tranquillement dans les rues de Luxembourg lorsque je tombe sur un magasin de disques. La vendeuse me voit passer, sort de sa boutique et me dit : « Entrez, je vais vous faire écouter une chanson allemande, vous devriez absolument la reprendre. » J'avoue que le morceau me laisse de glace, mais pour lui faire plaisir, je lui achète le disque. En rentrant à la maison, je le réécoute et là, je n'en reviens pas. Je me dis : mais quel tube ! Et en effet, « Adios amor » s'arrachera à plus de 700 000 exemplaires.* »

Grâce à ce titre, la carrière de Frédéric François repart en flèche avec dans la foulée « Je t'aime à l'italienne », « Mon cœur te dit je t'aime », « Aimer » pour n'en citer que quelques-unes. Sur le plateau, je constate que certaines fans lui vouent une admiration sans bornes, allant même jusqu'à tatouer son visage sur leur corps.

« *Une dame me dit un jour : « Je me suis fait tatouer votre tête sur mon bras droit parce que je ne veux pas que mon mari dorme avec vous dans le lit.* », raconte Frédéric. Instant magique !

Après 40 ans de carrière, Frédéric François affiche toujours complet à chacun de ses spectacles en France ou en Belgique. C'est d'ailleurs en voisin qu'il est venu nous voir à Visé, sa maison n'étant située qu'à une cinquantaine de kilomètres.

Avec nos amis belges, on est certains de passer un bon moment. En 2013, notre émission se déroule devant le majestueux Château de Versailles où le départ est donné. Coïncidence, la

Belgique vit un moment historique avec la passation de pouvoir du Roi Albert II à son fils Philippe qui aura attendu vingt ans pour monter sur le trône.

Une grande fête populaire est organisée le soir même à Bruxelles avec sur scène Lio, le Grand Jojo (« Chef un p'tit verre, on a soif ») et Plastic Bertrand. Des artistes populaires au service de la royauté.

Pour nous raconter cette soirée mémorable, Plastic nous rejoint le lendemain sur le plateau, encore tout excité par la ferveur qu'il a ressentie : « *C'était du délire total. C'est cela notre fierté d'être Belges. Malgré l'émotion d'un tel événement, toute la famille royale, la reine Paola en tête, est venue sur la Place du jeu de balle et Albert a clos son règne dans un endroit festif au milieu de 12 000 personnes. Je lui tire mon chapeau.* »

Plastic Bertrand quitte rapidement notre plateau pour retrouver sa Belgique natale où il se produit le soir même. Mais je ne l'ai pas laissé partir sans avoir chanté son tube planétaire « Ça plane pour moi ». Un incontournable. Ce titre s'est classé en 47e position du Billboard américain, ce qui est rarissime pour une chanson francophone. À ce jour, huit artistes seulement dont Plastic ont réussi cette performance. Parmi eux, Édith Piaf avec « Milord » (88e), Serge Gainsbourg et Jane Birkin avec « Je t'aime moi non plus » (58e) et... Jordy avec « Dur, dur d'être un bébé » (58e). Non, vous ne rêvez pas ! Mais la palme revient à Sœur Sourire qui avec « Dominique (nique nique) » est parvenue jusqu'à la première place du Billboard durant tout le mois de décembre 1963. Cette coquine sera finalement détrônée par le premier grand album des Beatles. Il fallait bien cela.

Grâce à Fabien, on en apprend aussi de belles sur les artistes pendant le Tour de France ou en tournée. Chaque région traversée est un trésor caché d'anecdotes.

C'est par exemple dans le sud de la France qu'est née la chanson « La mer » de Charles Trenet : « *En 1943, en pleine Seconde Guerre mondiale, Charles Trenet était dans le train entre Montpellier et Perpignan. Soudain, en passant devant l'étang de Thau, l'inspiration jaillit. De la fenêtre de son wagon, il veut absolument écrire une chanson sur la mer. N'ayant pas son cahier sur lui, il demande à son secrétaire de trouver quelques feuilles par n'importe quel moyen. Ce dernier ne se pose pas de question. Il file dans les toilettes et rapporte au chanteur du papier-toilette. En vingt minutes, l'une des chansons les plus célèbres au monde est donc écrite... sur du papier-toilette.* »

Au départ, Charles Trenet ne croyait pas du tout à ce titre, le trouvant démodé. C'est son éditeur musical qui trois ans plus tard parviendra à le convaincre de l'enregistrer. On compte aujourd'hui plusieurs centaines de versions, dont la fameuse adaptation américaine « Beyond the see ». Je vous conseille au passage l'œuvre japonaise, très rare, chantée par Trenet lui-même lors d'un concert en 1959.

Vers la fin de sa vie, le « fou chantant », un peu lassé qu'on lui reparle depuis tant d'années de cette chanson confiait : « *Elle est tellement vieille qu'il ne faut plus dire "La mer", mais "La grand-mer".* »

En marge du Tour de France, l'anecdote qu'a vécue Mike Brant en 1974 mérite également d'être contée. En regagnant Paris par les petites routes de France, le chanteur aperçoit une affiche indiquant « Cet après-midi, concours de sosies. » Ni une, ni deux, il décide de s'inscrire pour s'amuser un peu. Affublé d'un bonnet rouge, de grosses lunettes et d'un survêtement, il monte sur scène en singeant le vrai Mike Brant avec une voix de casserole, sous les rires et les sifflets du public. Puis petit à petit, il enlève ses attributs et retrouve sa vraie voix, devant des spectateurs cette fois médusés. Le temps que ces derniers réalisent véritablement la supercherie, Mike Brant fonce dans sa voiture et s'enfuit avec ses complices dans un immense éclat de rire.

Pour lui rendre hommage, nous avons diffusé dans Village Départ un extrait de sa dernière apparition à la télévision, le 24 octobre 1974 sur le plateau de Guy Lux et Sophie Darel. L'émission diffusée en direct sur la deuxième chaîne de l'ORTF s'appelait « French Cancan ». Un mois plus tard, le chanteur en pleine dépression se jette du cinquième étage de l'hôtel de la paix à Genève. Ce geste, contrairement à ce qui a été dit, n'était pas une première tentative de suicide, mais la conséquence d'une violente altercation peu de temps avant avec son producteur Simon Wajntrob. Au cours de cette empoignade, Mike Brant lui dit qu'il préférerait se jeter par la fenêtre plutôt que continuer à travailler avec lui. L'autre lui répond alors qu'il n'a qu'à le faire, puis s'en va. Quelques minutes plus tard, le chanteur sort sur la terrasse de sa chambre. Il saute sur le balcon du dessous pour l'impressionner, mais en se réceptionnant, le talon de sa botte se prend dans la grille en fer forgé. Sa cheville est en miette. Un défi stupide qui sera maquillé en tentative de suicide pour éviter le ridicule aux yeux de la presse. Le 25 avril 1975 à Paris dans le XVIe arrondissement, le même geste lui sera hélas fatal. Mike Brant s'est jeté dans le vide cette fois pour de bon.

La mort, Édith Piaf l'a frôlée à deux reprises au même endroit, dans la région de Rambouillet où nous tournons Village Départ le 22 juillet 2012. L'occasion de revenir sur une incroyable histoire, le « *miracle de sa vie* », disait-elle.

Le 6 septembre 1958, Édith Piaf est victime d'un très grave accident de la route, à bord de sa DS conduite par son fiancé et chauffeur de l'époque Georges Moustaki. Ce matin-là, la chaussée est particulièrement glissante et la voiture ne peut éviter un poids lourd qui tourne à gauche. Elle s'encastre littéralement sous le camion. La chanteuse assise à la place du mort est projetée de plein fouet dans le pare-brise. Elle est transportée d'urgence à l'hôpital avec des blessures au visage et les tendons du bras sectionnés. Les séquelles sont importantes. Sa lèvre recousue l'oblige à prendre des leçons de diction pour améliorer son articulation et l'empêche de chanter durant plusieurs semaines. Sa tournée américaine est reportée.

Mais l'invraisemblable se produit un mois plus tard, jour pour jour. Édith Piaf repasse en voiture toujours avec Moustaki à cet endroit précis près de Rambouillet lorsqu'un pneu éclate. Le véhicule part à la dérive puis se stabilise. Une frayeur terrible pour les passagers, mais l'accident est évité de justesse.

Édith Piaf revenait quelquefois en pèlerinage sur ce lieu nommé « La grâce de Dieu ». Elle pensait sincèrement que Dieu pouvait se trouver là.

Jean-Jacques Debout nous raconte dans Village Départ ses souvenirs d'Édith Piaf dans le film de Sacha Guitry « Si Versailles m'était conté » en 1954 : « *Je n'étais que simple figurant, mais j'avais la chance d'être placé à côté d'elle dans la scène où, en femme du peuple, elle entonne "Ah, ça ira, ça ira", le fameux chant révolutionnaire. Quelle émotion !* » La distribution du film est éblouissante. On voit Jean Marais en Louis XV, Orson Welles en Benjamin Franklin, Gérard Philippe en D'Artagnan. Brigitte Bardot, Bourvil, Daniel Gélin, Annie Cordy et Tino Rossi complètent le casting.

Dix ans plus tard, Jean-Jacques Debout est à l'affiche du podium Europe 1 sur le Tour de France avec Franck Alamo et Nancy Holloway, une chanteuse américaine de jazz. Les premières boîtes de nuit viennent d'ouvrir en France et après le spectacle, personne n'a envie d'aller dormir. Ni les artistes ni les cyclistes se souvient Jean-Jacques : « *J'étais très copain avec Jacques Anquetil, on l'emmenait dans les boîtes vers minuit. Il nous suivait avec plaisir, car il était fou amoureux de Nancy Holloway. Vers deux ou trois heures du matin, son directeur sportif Raphaël Geminiani le sommait de rentrer se coucher, mais le lendemain, ça ne l'empêchait pas de gagner l'étape et même le Tour de France au final.* »

Jean-Jacques Debout n'a rien oublié de cette époque lointaine, ni le jour où il a rencontré une jeune inconnue prénommée Chantal : « *Je jouais du piano chez Eddy Barclay lorsque je vois une fille très mignonne, vêtue d'une robe rouge. Je termine ma chanson en vitesse et je m'approche d'elle : « Mademoiselle, nous allons nous marier, nous aurons deux enfants, vous serez célèbre à trente ans et vous chanterez à l'Opéra de Paris.* »

Chantal Goya, présente sur le plateau à ses côtés, confirme les talents de médium de son époux : « *Après cette déclaration étonnante, je lui réponds : "Tout ce que vous m'annoncez peut se produire, mais chanter à l'opéra de Paris, vous vous foutez de moi, je ne suis pas Maria Callas." Eh bien figurez-vous que des années plus tard, en 1986 [ndla], l'entourage du Premier ministre Jacques Chirac me demande de participer au Noël de Matignon. Et devinez où je devais chanter : à l'Opéra de Paris !* »

Dans cette émission assez nostalgique, Jean-Jacques Debout nous chante « La java bleue » qu'il vient de réadapter. Sur les images de Fred Godard, je m'aperçois avec stupéfaction que le jeune public la connaît par cœur. Il est vrai que cette chanson a bénéficié d'une dizaine de reprises différentes depuis sa création en 1938. Les Garçons Bouchers, Régine et surtout Patrick Bruel lui ont redonné vie avec succès.

Puis Chantal Goya nous gratifie d'un de ses tubes « Le chat

botté », accompagnée sur scène par ce personnage haut en couleur. Le pauvre garçon déguisé en félin sous une chaleur torride a transpiré à l'intérieur comme jamais. Après l'émission, je découvre un tweet d'un journaliste de la BBC qui suivait le Tour de France et qui par hasard s'est approché de notre plateau : « *J'étais au départ de l'étape ce matin pour interroger les coureurs lorsque je vois un immense chat se déhancher sur une scène avec une chanteuse. Les Français sont décidément très étranges.* »

Comme on dit, c'est vraiment l'hôpital qui se fout de la charité.

À propos de rencontre étonnante, le ténor Vincent Niclo nous raconte à Épernay le moment gênant qu'il a vécu avec une légende vivante, Charles Aznavour. Ce dernier avait accepté de reprendre en duo avec lui une de ses vieilles chansons « Esperanza », écrite en 1961 : « *En studio, j'étais terrorisé de chanter avec Aznavour, sachant qu'il donne rarement son accord pour un duo. Avant d'attaquer la répétition, il prend la feuille, regarde le texte et dit : "Mais quel est l'idiot qui écrit ça ?" "Euh, je crois que c'est vous Charles !" En fait, il trouvait que l'ensemble sonnait mal, car cette déclaration d'amour pleine d'espoir n'était pas du tout écrite pour un duo. Il m'a répondu : "Bon, vous avez de la chance que je vous aime bien." Puis, devant moi, il s'est mis à retravailler le texte pendant deux heures afin de l'adapter à cette nouvelle version.* »

Charles Aznavour a toujours aimé et encouragé par ses mots les jeunes générations : « *Comme Luis Mariano, Vincent Niclo a une voix ensoleillée qui réchauffe l'atmosphère.* » Une voix qui, en effet, enchante chaque année les téléspectateurs de Village Départ, lesquels, plusieurs mois avant le départ du Tour, me réclament sa venue.

Aznavour est un monument de la chanson française, à l'instar du compositeur Jacques Revaux que j'ai reçu à Porto Vecchio en Corse où il vit l'été. Jacques est tout simplement un génie. On lui doit tous les gros tubes de Michel Sardou, mais aussi ceux de Johnny Hallyday, Hervé Vilard, Sylvie Vartan et j'en passe. Sans oublier bien sûr « Comme d'habitude » devenu « My Way » dans le monde entier. Dans sa biographie « Ma vie en chansons » chez Ramsay, Jacques explique avec la modestie qui le caractérise la raison de ce succès : « *Je dis souvent pour rire que c'est la grâce divine qui m'a touché quand j'ai imaginé cette mélodie, je sais que j'ai assisté à un miracle... Mais ça reste un coup de bol sensationnel, soyons lucides. C'est vrai que la chance, ça se provoque, mais il faut savoir la saisir. L'audace, c'est d'avoir tenu bon pour que cette mélodie ne soit chantée par personne d'autre que Cloclo, d'avoir insisté. D'avoir été têtu. La chance a voulu que Paul Anka soit à Paris pour entendre "Comme d'habitude" qui n'était pas vouée à s'éterniser sur les ondes. Si Paul Anka n'avait pas été en France à cette époque, la chanson de Claude François serait restée un succès certes, mais un petit tube parmi tant d'autres. Et pourtant, elle aurait toujours été la même. Un heureux hasard a voulu qu'elle soit entendue au bon moment, par la bonne personne.* »

« My Way » est la chanson la plus reprise dans le monde derrière « Yesterday » des Beatles (qui détient le record avec plus de 3 000 adaptations) et « Georgia on my mind ».

Depuis bientôt 50 ans, tous les plus grands noms l'ont chanté. Citons parmi les plus fameux : Franck Sinatra, Luciano Pavarotti, Nina Simone, Ray Charles, Robbie Williams, Céline Dion, Elvis Presley et même les Sex Pistols. D'après les plus sérieuses estimations, ce titre a été diffusé plus d'un milliard de fois. Tous les jours, trois fois par heure, on l'entend encore quelque part sur la planète.

Avec Jacques, mon petit plaisir est de lui fredonner des chansons de Sardou qu'il a parfois oublié : « La pluie de Jules César » sur la réincarnation, « Vincent » sur Van Gogh, « Carcassonne »,

« Un roi barbare », « Si l'on revient moins riches ». Des chansons d'albums magnifiques. Encore une belle rencontre grâce à Village Départ.

STARS 80

Pratiquement tous les artistes de Stars 80 sont venus dans Village Départ : Cookie Dingler, Jean-Pierre Mader, Émile et Images, Patrick Hernandez, Jean Schultheis, Caroline Loeb, etc. La liste est longue.

C'est leur mentor et nounou Olivier Kaefer qui les a relancés il y a dix ans, grâce à l'aventure RFM Party. Au début des années 2000, ces artistes étaient considérés comme ringards, dépassés, moisis. Jusqu'au jour où deux producteurs, dont Olivier, décident de les réunir sur scène, contre l'avis de tout le monde. La suite, vous la connaissez. Les tournées, le Stade de France, le film « Stars 80 », bref une renaissance au sommet pour le bonheur de tous les nostalgiques de cette magique décennie 80.

Curieusement, beaucoup de chanteurs refusent d'interpréter le succès qui les a propulsés au sommet. Si l'on réclame « Double jeu » à Christophe Willem ou « Le dîner » à Benabar, on a toutes les chances d'avoir une fin de non-recevoir. Avec les artistes de « Stars 80 », l'envie de chanter pour la énième fois leur tube est la même qu'au premier jour.

« Macumba », « Les démons de minuit » ou « Born to be alive », en ouverture de Village Départ, est pour nous la garantie d'une ambiance réussie.

Le plus fidèle de tous reste incontestablement Jean-Luc Lahaye.

Son grand plaisir est d'organiser une arrivée sur le plateau à moto avec ses potes en cuir, comme dans le film de Thomas Langmann. Une prochaine fois, il envisage de débarquer en jet-ski ou en hélicoptère, ce qui promet en termes de logistique.

Certaines chansons ont des parcours étranges, comme « Nuit de folie » de Début de soirée. Ce tube de l'été 1988, vendu à 1,5 million d'exemplaires, a en fait été composé dans l'anonymat quatre ans plus tôt par William Picard : « *J'étais DJ dans un club à Aix-en-Provence quand j'ai fait cette chanson pour m'amuser. Je la passais tous les soirs, mais elle n'était pas du tout destinée à sortir.* »

Sa rencontre avec Sacha, directeur d'antenne d'une radio locale marseillaise, va alors tout changer. Ensemble, ils décident de sortir un 45 tours sous le nom de Yankee. Bide total. Puis ils retentent leur chance en changeant de nom et en reprenant ce fameux titre vieux de quatre ans. Le jackpot.

Cela dit, Olivier Kaefer doit faire preuve de persuasion pour convaincre certaines stars de venir dans Village Départ. Je pense par exemple à Sabrina, la sublime interprète de « Boys, boys, boys ». La pulpeuse Italienne aujourd'hui mariée et mère d'un petit garçon accepte rarement les émissions de télé non rémunérées. Elle vit près de Venise et profite toujours de son unique tube pour engranger les billets. Personne n'a oublié son clip torride, tourné en cinq minutes dans une piscine, où sa poitrine généreuse apparaît à plusieurs reprises. C'est la première vidéo censurée, en cet été 87, sur la chaîne anglaise MTV. Érotisme, censure et paroles sulfureuses, tous les ingrédients étaient réunis pour que la chanson devienne un succès international.

Lio aussi a longtemps hésité à venir. Elle a finalement dit oui l'an dernier après des années de négociations. Une Lio au naturel, cheveux blancs, qui a surpris tout le monde :

« – C'est pas un crime. Je ne me les teins plus même si ça choque les gens que j'aie des cheveux blancs à cinquante ans.

– *Reste comme tu es,* hurlent des spectateurs dans le public.

– *Merci mes chéris !* »

Puis soudainement, au détour d'une conversation, la chanteuse s'en prend à Serge Gainsbourg : « *J'étais très fan de France Gall et j'en ai rien à foutre qu'elle n'ait pas compris "Les sucettes". C'est Gainsbourg qui est un vieux pervers en se moquant d'une gamine de seize ans qui ne savait pas ce qu'était une fellation.* »

Lio a toujours été cash et sans concession : « *Peut-être que je ne suis pas prête à faire ce qu'il faut, à être charmante avec des gens qui ont de l'argent pour faire des spectacles.* »

Depuis cette déclaration, Lio a réintégré la troupe de « Stars 80 » avec en apothéose, au mois de mai, un nouveau concert au stade de France.

CHANSONS DU TOUR

Jusqu'aux années 50, le Tour de France est l'occasion idéale pour lancer des ritournelles qui lui sont dédiées et qui vont être fredonnées par tous les Français. Pendant trois semaines, la chanson officielle du Tour est jouée inlassablement durant le passage de la caravane publicitaire et tous les soirs après l'arrivée de l'étape. Une promotion coup-de-poing dont raffolent évidemment les maisons de disque. Dans l'émission d'Embrun dans les Hautes-Alpes, nous avons exhumé quelques-unes de ces vieilles complaintes oubliées avec la complicité de l'accordéoniste Michel Pruvost. Le jeu en valait la chandelle, car comme vous allez le constater, la petite histoire rejoint parfois la grande.

« Le tour qui passe » de Jean Cyrano est la chanson officielle de l'année 1933 avec un texte aux relents nationalistes déjà inquiétants. Adolf Hitler vient d'être élu chancelier du Reich et la menace semble gagner les esprits :

« Voilà le Tour qui passe
Saluons ces champions
C'est l'avenir de la race
De cinq grandes nations
Allemands, Italiens, Suisses
Avec les Belges, faut qu'on les applaudisse
Mais dans le fond de notre cœur
Nous souhaitons que le vainqueur
Soit désormais
Un p'tit Français »

Quatre ans plus tard, à l'été 1937, « La fleur au guidon » connaîtra un destin encore plus déshonorant, au grand dam de son interprète Fredo Gardoni, une vedette accordéoniste qui s'est spécialisée dans les chansons officielles du Tour. On lui doit notamment le fameux « Eh vas-y Théophile » que les parents chantaient à leurs enfants pour leur apprendre à faire du vélo :

« Eh vas-y, Théophile
Baisse la tête et mets l'nez su'l'guidon
Serre les dents, démarre et pousse et file
T'en fais pas pour la bûche et aïe donc
Vas-y, Théophile
Baisse la tête et tortille le croupion
Roule la caisse et comme un zèbre file
Et vas-y, fais voir que t'es un champion. »

Loin de ces joyeusetés infantiles, la « Fleur au guidon » va devenir tristement célèbre en 1941 sous le titre « Maréchal nous voilà », une ode à la gloire du Maréchal Pétain en pleine Seconde Guerre mondiale. Les paroles ont bien sûr été réécrites pour faire la propagande du régime de Vichy, mais la ressemblance entre les deux musiques est frappante. L'auteur de cet hymne au Maréchal, André Montagnard s'était illustré avant-guerre en composant notamment « Une partie de pétanque », reprise plus tard par Georges Brassens.

Son « Maréchal nous voilà », chantée par Andrex et André Dassary accompagnés par l'orchestre de Ray Ventura, est diffusée abondamment sur les ondes et même dans les écoles où enfants et adolescents français sont contraints de la reprendre en chœur.

Mais l'histoire ne s'arrête pas là. En fouillant dans les archives, je constate que « La Fleur au guidon » était déjà un plagiat. Fred

Gardoni s'était inspiré d'une composition de Casimir Oberfeld dans l'opérette « La Margoton du bataillon ». Pour vous resituer le personnage, Casimir Oberfeld est l'auteur d'une soixantaine de musiques de film dans les années 30 et de toute une ribambelle de tubes pour Arletty, Mistinguett et Fernandel. C'est à lui que l'on doit l'inoubliable « Félicie aussi » en 1939. Son destin est tragique puisqu'il décédera en 1945 dans le camp d'Auschwitz.

Les collaborateurs antisémites de Vichy ne savaient donc pas que la mélodie originelle de « Maréchal nous voilà » avait en fait été volée à un compositeur juif polonais qu'ils avaient envoyé à la mort en déportation.

Après-guerre, le Tour redémarre avec une chanson intitulée « Tu tournes pas rond » qui, curieusement, se moque des coureurs médiocres, ceux qui terminent aux dernières places :

« Faut prendre du fortifiant

Pour remonter l'courant

Ou bien, faire mon p'tit pote

Des Championnats de belote

Tu tournes pas rond

T'as perdu les pédales »

Vous remarquerez qu'on parle là de fortifiants et pas de produits dopants. Pour l'anecdote, le compositeur de cette improbable ritournelle a pour nom Émile Prud'Homme. Pas sûr que le patron du Tour revendique cette homonymie peu glorieuse. Lui qui, à l'arrivée du centième Tour de France, avait prévu une tribune spécialement aménagée à la Concorde à Paris pour accueillir tous ceux qui ont terminé l'épreuve. Les premiers comme les derniers.

En revanche, Guy Béart met les pieds dans le plat dans sa chanson « La vérité » écrite en 1968. À l'époque, le chanteur animait à l'ORTF une émission qui s'appelait « Bienvenue chez Guy Béart ». Lorsqu'il reçoit Jacques Anquetil, quintuple vainqueur du Tour de France, celui-ci lui fait une troublante confidence. Béart s'en souvient encore : : « *Jacques me dit à l'antenne : "On m'a demandé contre monnaie sonnante et trébuchante de ne pas bien courir pour laisser d'autres gagner à ma place." Je savais qu'Anquetil avait déjà admis s'être dopé aux amphétamines et que cela lui avait valu beaucoup d'ennuis. Il ne m'en fallait pas plus pour écrire une chanson.* »

En effet, à l'époque, les aveux du héros transgressif sont très mal perçus dans le milieu du cyclisme. C'est ce que confirme l'écrivain Paul Fournel dans la biographie « Anquetil tout seul », qu'il a consacrée au champion : « *Anquetil a pêché par excès de franchise. Il doit se cacher. Il doit ruser, mentir. On voudrait tant qu'il se rétracte. Il sait que ses fesses sont trouées comme une passoire. Ce sont les siennes.* »

Au fil du temps, la chanson de Guy Béart devient un hommage à ceux qui courageusement sortent de leur silence :

> « *J'affirme que l'on m'a proposé beaucoup*
> *d'argent*
> *Pour vendre mes chances*
> *dans le Tour de France*
> *Le Tour est un spectacle et plaît à beaucoup*

de gens
Et dans le spectacle
Y a pas de miracle
Le coureur a dit la vérité
Il doit être exécuté. »

Petite parenthèse amusante : Guy Béart nous confie dans l'émission être un naturiste invétéré. Dans la piscine de son jardin de Garches en région parisienne, il reçoit ses invités dans le plus simple appareil. Une vieille habitude qui en a surpris plus d'un : « *Brassens et Aragon sont venus faire trempette l'été dans ma piscine, mais aucun des deux n'a voulu se foutre à poil. Pour autant, je ne suis pas exhibitionniste.* »

En voyant l'hôte des lieux sortir nu de sa piscine, Georges Brassens aurait, paraît-il, fui en courant....

La Grande Boucle a aussi été malmenée par des artistes pas toujours respectueux devant cet événement sportif.

En juillet 1978, Freddy Mercury, le chanteur du groupe britannique Queen est en vacances en France. Pas de chance apparemment pour lui, le Tour passe juste sous les fenêtres de son hôtel. Il découvre alors avec stupéfaction tout le barnum déployé, de la caravane publicitaire au passage des coureurs jusqu'au démontage des installations. Choqué par une telle ferveur populaire pour une simple course sportive alors que des événements graves se produisent dans le monde, Freddy Mercury décide d'écrire une chanson afin de soulager ses pensées. Voilà comment est né le tube planétaire « Bicycle race ». Quelques phrases traduites en français en disent long sur les sentiments de son auteur à l'égard de ce sport :

« Les courses de vélo viennent à toi
Alors, laisse donc toutes tes responsabilités de côté
L'impôt sur le revenu, je dis mon Dieu
Je ne veux pas être exposé
Au Vietnam ou au Watergate
Car tout ce que je veux faire c'est
Bicyclette, bicyclette, bicyclette
Je veux conduire ma bicyclette, bicyclette,
bicyclette... »

Au passage, Freddy Mercury égratigne l'Amérique, sa culture, son président et ses super productions comme « La guerre des étoiles » ou « Les dents de la mer ».

Le disque sort en octobre 1978, agrémenté d'une opération de promotion plutôt insolite : 65 mannequins entièrement nus sont réunis au stade de Wembley à Londres pour un tour de piste sur des vélos spécialement loués pour l'occasion. Une photo prise cet après-midi-là servira à confectionner la pochette de l'album. Le loueur, quand il apprit à quoi avait servi ses vélos, refusa de les reprendre intacts et exigea de Queen le remboursement intégral de toutes les selles.

Alain Bashung évoque lui aussi la Grande Boucle dans sa chanson « L'Arrivée du Tour » en 1986. Un prétexte à des calembours au kilomètre, parfois un peu graveleux. Les paroles signées Boris Bergman sont plutôt abstraites et truffées de sous-entendus :

« Ce n'est qu'un arrosoir

Un tomahawk sur l'armoire

Qu'est-ce que tu fais ? Mais tu tapines en bourg

Pas du tout, c'est l'arrivée du Tour... »

À chacun d'apprécier. Pourtant, Bashung était un véritable passionné de vélo, sport qu'il pratiquait étant jeune. Adolescent, il répertoriait toutes les étapes du Tour avec le nom des vainqueurs et les écarts entre coureurs. L'album « Passé le Rio Grande » dans lequel figure « L'arrivée du Tour » sera élu album de l'année aux Victoires de la musique.

Le Tour de France a enfin vu démarrer des carrières prodigieuses comme celle de Florent Pagny. L'interprète de « Savoir aimer » est né à Chalon-sur-Saône le 6 novembre 1961. À l'adolescence, il part s'installer à Bonneville en Haute-Savoie avec toute sa famille et commence à chanter sur les podiums de la région. Le 17 juillet 1975, il n'a que treize ans lorsqu'il remporte le concours de chant organisé par le *Dauphiné Libéré* à l'occasion du passage du Tour à Thonon-les-Bains. Florent reprend alors les tubes de Luis Mariano, l'idole de sa maman et de Michel Sardou. Puis à chaque étape, son titre est remis en jeu et chaque soir, toujours doté d'une voix étonnamment puissante, il termine vainqueur, plébiscité par toute la presse locale. Le début d'une grande aventure qui dure depuis quarante ans maintenant.

LE TOUR AU CINÉMA

Le grand écran s'est plusieurs fois intéressé au Tour de France, avec des fortunes diverses. Ces films tournés avec des acteurs confirmés n'ont pas toujours rencontré leur public.

Clovis Cornillac qui a payé de sa personne avant le tournage de « La Grande boucle » en sait quelque chose.

Pour les besoins de ce film, il a parcouru à vélo la bagatelle de 5.500 kilomètres durant cinq mois, soit l'équivalent d'un Tour et demi. Une performance qu'il nous raconte dans l'émission de Samatan dans le Gers, où l'acteur a tourné le matin même quelques scènes :

« – *Au début, je ne croyais pas que c'était possible pour moi de grimper les grands cols comme l'Aubisque, le Tourmalet ou le Ventoux. J'ai suivi un régime alimentaire, j'ai perdu sept kilos et j'ai compris que le cyclisme était le sport le plus dur au monde physiquement. Mais quand on va à son rythme, avec un minimum de préparation, on peut aller partout.*

– *Est-ce que cela change la perception que l'on peut avoir d'une telle compétition ?*

– *Bien sûr. La chance que l'on a quand on est acteur, c'est d'aborder les métiers de l'intérieur. Quand on joue un boulanger ou un restaurateur, on ne voit plus leur travail de la même manière.* »

Clovis Cornillac a raison. J'ai fait moi-même cette expérience pour une émission de télé en Corse où j'ai remplacé durant toute une soirée le patron d'un restaurant qui affichait complet. Je peux vous dire qu'après cela, j'avais beaucoup plus d'indulgence pour les serveurs. On n'imagine pas la responsabilité qui pèse sur leurs épaules et la tension qui règne dans ces moments-là.

Toutes les scènes de « La Grande Boucle » ont été tournées lors de cette édition 2012, au plus près de la course, avec Bernard Hinault et Laurent Jalabert dans leur propre rôle.

Malgré les efforts et la crédibilité de Clovis à l'image, le film sorti le 12 juin 2013, quelques jours avant le départ du 100e Tour de France, sera un échec commercial avec 26.473 entrées seulement. Il restera dans l'ombre du sujet évoqué, emporté par la vague médiatique suscitée par cet événement historique.

Parmi les films consacrés à ce sport, « Le vélo de Ghislain Lambert » eut un succès correct en 2001 avec 617 000 entrées. Cette comédie nous plonge dans l'ambiance des années 70 au milieu des magouilles, des histoires d'argent et de dopage. Ghislain Lambert, ce personnage fantasque né le même jour qu'Eddy Merckx, mais sans le talent, est incarné par Benoît Poelevoord, comédien et humoriste belge. Le cyclisme n'était pourtant pas sa tasse de thé au départ, mais au fil du tournage, son regard sur ce sport a complètement changé : « *Au début, je me disais : ces cons-là ! Cracher leurs poumons pour gagner aussi peu de places au général alors qu'ils crevaient de chaud... Mais ils ne se mentent pas. C'était moi le con !* »

L'effort du coureur, un jeune réalisateur inconnu, nommé Claude Lelouch, va le sublimer dans un magnifique court métrage tourné en 1965 et intitulé « Pour un maillot jaune ». Une incontestable réussite dont les retombées financières lui permettront de tourner un an plus tard « Un homme et une femme », le film de sa consécration.

En 27 minutes, Lelouch rend hommage aux forçats de la route en les filmant sous tous les angles. Sa caméra s'infiltre comme un témoin silencieux au cœur même du peloton, dans la chambre des champions ou à l'arrière de la course. « *J'essaie d'être le reporter de ma propre fiction* » déclare Lelouch, qui tourne sur une moto la plupart des scènes où l'on voit souvent le coureur italien Felice Gimondi, vainqueur de ce Tour. Alors que les retransmissions à la télévision restent archaïques, le réalisateur bouleverse complètement la façon de filmer ce sport. La souffrance est ici portée au pinacle dans une ambiance de kermesse.

Didier Barbelivien utilisera des images du film, avec l'accord de Claude Lelouch, pour le clip de sa chanson « Les héros de juillet », qu'il a écrite en une nuit à l'occasion des 100 ans du Tour, en 2013. Un hommage aux coureurs qui ont illuminé son enfance : « *Cette année 1965, Jacques Anquetil, blessé, ne participait pas au Tour de France. J'étais persuadé comme tout le monde que sans son rival, mon idole Raymond Poulidor allait gagner. Eh bien non. Comme d'habitude, Poupou a fini deuxième, derrière Gimondi.* »

Le cyclisme et le cinéma n'ont pas toujours fait bon ménage. En 1984, une super production américaine dirigée par Gary Mehlman, le producteur des « Canons de Navarone », devait voir le jour avec Dustin Hoffman dans le rôle principal. Le scénario du film, signé Collin Welland, oscarisé pour « Les chariots de feu », est une adaptation du roman de Ralph Hürne « Le maillot jaune », publié en 1973. Il raconte le retour au premier plan d'un champion vieillissant qui, grâce à la disqualification pour dopage des meilleurs coureurs, parvient à s'emparer du maillot de leader.

En bon professionnel, Dustin Hoffman est venu en repérage sur des étapes pyrénéennes afin de s'imprégner de l'atmosphère du

Tour. Le soir, il rencontre les champions, notamment Laurent Fignon vainqueur cette année-là qui lui confie : « *Ma forme physique est telle que je peux rouler au maximum sans avoir à puiser dans mes réserves.* »

Sur place, tout le monde joue le jeu. Les officiels de la course coopèrent avec les Américains comme il se doit, répondant à toutes leurs attentes. L'occasion est belle de promouvoir enfin la Grande Boucle outre-Atlantique.

Mais coup de théâtre, quelques semaines plus tard, le projet est abandonné, suite à la venue dans les studios Columbia Pictures de Los Angeles du patron du Tour Jacques Goddet. Ce dernier, au courant de l'intrigue, aurait en effet exigé du scénariste qu'il n'aborde en aucun cas les problèmes de dopage et autres petites combines propres au vélo. Pas question pour Goddet de mettre en avant des rumeurs qui ne sont même pas relayées en France. Les producteurs jettent l'éponge sans regret. Il est vrai que deux ans avant le sacre de Greg LeMond et quinze avant l'avènement de Lance Armstrong, le cyclisme n'est encore qu'un sport mineur aux États-Unis. Il n'intéresse pas grand monde, les mauvaises ventes du roman en témoignent. Enfin, Dustin Hoffman avait 47 ans à l'époque. Aurait-il été crédible sur une bicyclette, suant corps et âme dans la montée de l'Alpe d'Huez ? On ne le saura jamais. Le héros de « Rain man » et du « Lauréat » aura sa revanche bien plus tard en étant à l'affiche du biopic sur le champion déchu Lance Armstrong.

Dans le Village Départ de Cagnes-sur-Mer, Eric Serra nous a également rappelé l'importance de la musique au cinéma. Le compositeur de la bande originale du « Grand Bleu » de Luc Besson célèbre, ce 3 juillet 2013 sur le plateau, les 25 ans de la sortie de ce film culte. L'occasion de présenter le nouveau DVD du film avec une musique entièrement remastérisée.

« Le Grand Bleu » a marqué toute une génération de Français et triomphé dans le monde entier. Sauf aux États-Unis. Avec un sourire malicieux et légèrement revanchard, Eric Serra nous explique pourquoi : « *Le distributeur américain avait mis beaucoup d'argent pour la promo du film. Mais avant sa sortie, il a pris peur. Selon lui, il n'y avait pas assez de noms américains au générique. Le film étant déjà tourné, il ne pouvait évidemment pas changer les acteurs. Il décida donc de changer la musique et de la confier à l'un de ses compatriotes. Résultat : ça a été un désastre. Le film avait perdu sa couleur et sa poésie. D'autant plus qu'il avait modifié toute la fin où l'on voit Jean-Marc Barr partir sous l'eau avec le dauphin. Une image forte, remplacée par une scène où Jean-Marc remonte à la surface et nage tranquillement. Le distributeur voulait rassurer l'Américain moyen en montrant que le héros n'était pas mort, il s'est complètement planté.* »

À en croire Éric Serra, il s'en est fallu de peu pour que, dans « Titanic », on voit Leonardo DiCaprio s'en sortir à la fin et rejoindre en pleine forme sa dulcinée, sous les applaudissements des survivants.

AU RENDEZ-VOUS DE L'HISTOIRE

LES CHEFS D'ÉTAT LONGTEMPS ABSENTS

Avant Nicolas Sarkozy, nos présidents de la République n'étaient guère attirés par les lumières du Tour. Mais, chose curieuse, chacun de leur furtif passage a laissé une marque indélébile dans l'histoire de cette compétition.

Le général de Gaulle n'est venu qu'une fois et pour cause. Le 16 juillet 1960, la course traverse son village de Colombey-les-Deux-Églises. Pour la première fois depuis sa création, la Grande Boucle est soudainement immobilisée. Les coureurs sont priés de s'arrêter et de descendre de leur vélo. Le directeur du Tour Jacques Goddet, muni de son porte-voix, déclare alors : « *Le Tour salue affectueusement le président de Gaulle.* » Ce dernier, accompagné de son épouse, se dirige vers les leaders du peloton qui ôtent leur casquette en signe de respect et écoutent les encouragements présidentiels. Certains coureurs étrangers, ne comprenant pas ce qui se passe, s'en vont soulager leur vessie dans la ruelle. Le Français Pierre Beuffeuil, lâché par le peloton avant de traverser Colombey, en profite pour rattraper tout le monde pendant la pause et s'échapper en solitaire pour finalement gagner l'étape. À l'arrivée, sous les huées, il se défend : « J'ai toujours voté de Gaulle. » Le général qui dira plus tard à Goddet : « *Je suis président des Français pendant onze mois et vous pendant un mois.* »

Durant ses cinq ans de présidence, Georges Pompidou n'assistera à aucune étape, affaibli par la maladie. En revanche, son successeur Valéry Giscard d'Estaing apportera au Tour de France le prestige qui manquait à l'arrivée finale à Paris. Grâce à lui, à partir de 1975, la course s'achève sur les Champs-Élysées. « *Je m'étonnais que l'arrivée ne soit pas plus glorieuse. À la fin, le peloton se mettait en route vers Paris et l'on perdait presque sa trace* », explique VGE. L'idée lui a été soumise un an plus tôt par le présentateur vedette de TF1, Yves Mourousi, lors d'une rencontre dans un concours hippique à Chantilly. « *Voyez ça avec Poniatowski !* (le ministre de l'Intérieur de l'époque) », lui répond Giscard. Voilà comment le 20 juillet 1975, le président de la République félicite le vainqueur Bernard Thévenet sur la plus belle avenue du monde.

Comme le général de Gaulle, François Mitterrand ne fera qu'une seule apparition sur le Tour de France. En deux septennats. L'hélicoptère le dépose à 15 h 37 le 10 juillet 1985, au bord d'une route située entre Morzine et Lans-en-Vercors. Le président n'avait pas voulu suivre l'étape dans la voiture de Jacques Goddet, préférant un véhicule blindé qui lui a finalement été refusé. C'est donc au milieu de la foule, entouré de ses gardes du corps qu'il a immortalisé l'instant. Montre en main, François Mitterrand reste sur place une demi-heure, le temps de prendre une photo, sourire aux lèvres et d'avouer son admiration pour le futur vainqueur Bernard Hinault. Avec au passage une parole très « mitterrandienne », c'est-à-dire qui pourrait s'appliquer à lui-même : « *Je conseillerais à Bernard Hinault d'agir selon son instinct. C'est à lui de décider. Personne ne peut le faire à sa place. Quand on arrive au stade du grand champion, je crois que c'est la seule règle.* »

Il faudra attendre treize ans pour revoir un chef d'état français sur une étape. Jacques Chirac a choisi le samedi 18 juillet 1998. Un contre-la-montre sur ses terres, entre Meyrignac-l'Église et Corrèze. Le jour précisément où le directeur du Tour, Jean-Marie Leblanc, renvoie toute l'équipe Festina à la maison, Richard Virenque en tête, dans les larmes et la confusion. La décision a été prise la veille au château de Bity, propriété du couple Chirac où les patrons du Tour sont conviés à dîner. Une soirée gâchée par l'accélération des événements dans cette affaire de dopage sans précédent. Jean-Claude Killy, l'un des responsables d'ASO fait les cent pas au téléphone dans le couloir. Il sait que le directeur sportif de Festina Bruno Roussel est passé aux aveux : « *Je suis retourné à table pour annoncer au président de la République que l'étape corrézienne ne se passerait pas comme prévu. J'ai dit aussi à Bernadette Chirac que Richard Virenque, avec qui elle avait fait la promotion de ce contre-la-montre, était exclu.* » Bonjour l'ambiance.

Jacques Chirac doit donc subir la déferlante dans sa propre région. Mais reculer l'échéance d'une journée et associer le nom de sa femme à un tricheur aurait eu des conséquences beaucoup plus graves pour son image. On ne le reverra plus sur la Grande Boucle jusqu'à la fin de son dernier mandat.

« *Tout va changer à partir de l'élection de Nicolas Sarkozy* », explique Christian Prudhomme. *Avec François Hollande, on a affaire à de vrais supporters de cyclisme qui viennent pratiquement chaque année. Dans la voiture, Sarkozy me parlait constamment des écarts entre les coureurs et des techniques de course.* » Il ne cachait pas son admiration pour Lance Armstrong qui un jour lui a offert son vélo pour le remercier de son soutien.

« - *I tried your bicycle (J'ai essayé ton vélo)* », lui dit-il un jour Nicolas Sarkozy.

« - *We're just two old guys who likes to ride bikes (Nous sommes juste deux vieux qui aimons faire du vélo)* », lui rétorque le champion Texan.

Nicolas Sarkozy est, sans contexte, le plus mordu de vélo. À 13 ans, il partait avec ses copains sur les routes du Tour pour recueillir quelques autographes de coureurs. Une fois élu, il ne s'est pas fait prier pour assister à l'événement dans la voiture du directeur de course.

« *Chaque année, nous sommes très fiers d'accueillir le président de la République* », ajoute Christian Prudhomme. « *Et contrairement à ce qu'on pourrait penser, c'est beaucoup moins pesant en terme d'organisation qu'avec certaines personnalités parce que tout est parfaitement huilé. Ils sont entourés de vrais professionnels pour assurer leur sécurité. Il n'y a jamais le moindre problème.* »

Dès sa première visite de chef d'État, François Hollande en profite pour distiller quelques allégories : « *La politique, c'est une course par étapes. Moi je suis au tout début, il va y avoir des montagnes à gravir* ». Il ne fait pas si bien dire. En référence aux huit secondes fatales à Laurent Fignon face à Greg LeMond en 1989, le président socialiste conclut : « *Ces secondes m'ont rappelé qu'une course peut se gagner au dernier moment. Cela peut aussi être vrai en politique.* »

Des présidents passionnés qui ont désormais compris l'importance de ce rendez-vous populaire et joyeux qui ne peut être que bénéfique pour leur image. Mais il en aura fallu du temps.

LA VIE DE CHÂTEAU

Lors de sa centième édition, le Tour de France se confond plus que jamais avec la grande histoire. Le 21 juillet 2013, le peloton s'élance pour la première fois devant le Château de Versailles. Ce cadre majestueux nous permet de réaliser un Village Départ de deux heures avec de nombreux invités, dont le jeune ténor Amaury Vassily et Francis Perrin. Deux natifs de Versailles.

Francis est un enfant de la balle. À sept ans, il voit son père, ingénieur du son et sa mère script-girl partir sur les plateaux de cinéma de Sacha Guitry pour tourner « Si Versailles m'était conté ». Louis XIV, Molière, le théâtre prennent forme dans son univers de comédien en herbe : « *Très jeune, j'ai marché dans les pas de Molière jusqu'à jouer dans la cour de marbre du Grand Trianon, un souvenir inoubliable. Ce site est vraiment magique. À chaque fois, le passé resurgit avec ce supplément d'âme que l'on capte au passage.* »

Ce collectionneur de manuscrits acquerra plus tard la première édition des œuvres complètes de Molière datant de 1693. Régulièrement, il les feuillette et les contemple avec admiration.

Dans l'émission, on redécouvre grâce aux drones, les splendides jardins du Château et ses somptueux jets d'eau. Mais aussi la chambre de la reine où les accouchements avaient lieu en public. Dix-neuf enfants sont nés dans cette immense pièce. Les images sont magnifiques, la magie du site accompagne toutes nos interventions.

En présentant ce Village Départ, je me rends bien compte du chemin parcouru en dix ans !

Je repense à la première émission en Vendée avec pour tout bagage, une table et trois chaises et autour de nous un public clairsemé. Sans décor, sans chansons, sans ferveur, mais avec une âme. Nous étions déjà heureux d'être là, conscients probablement qu'une aventure exceptionnelle venait de commencer.

Dix ans plus tard, France 3 nous offre deux heures d'émission dans un décor prestigieux où une quinzaine d'invités se succèdent. Ça grouille de partout autour de nous : la foule, les journalistes, nos patrons, l'entourage des artistes. Puis la voix du ténor Amaury résonne en ouverture devant le Château de Versailles. L'émission est lancée. Tout se déroule à merveille. Les séquences s'enchaînent à un bon rythme, ni trop lent, ni trop effréné.

Il m'a fallu trouver le bon dosage au fil du temps. Le téléspectateur devant son poste ne veut pas s'ennuyer bien sûr, mais il n'aime pas non plus qu'on le brusque.

Les jeunes talents, Louis Delors et Olympe multiplient les photos en coulisses avec leurs fans. Sophie Darel joue les cougars avec malice en draguant Jean-Luc Lahaye, une scène on ne peut plus insolite. Jean-Paul Ollivier nous emmène un invité surprise : Greg LeMond, que j'accueille avec plaisir, lui qui, au départ de Versailles en 1989, allait terrasser Laurent Fignon à l'arrivée des Champs-Élysées. Les deux heures passent à toute vitesse. Au moment de dire au revoir, toujours le même pincement au cœur. Chacun sait que l'attente sera longue avant de se retrouver, l'année prochaine, dans cette ambiance unique.

Car Village Départ est unique. Il n'y a pas d'équivalent à la télévision française. Être chaque été, pendant trois semaines, en direct, en public, au cœur du troisième événement sportif mondial, c'est avant tout un plaisir immense, partagé avec une équipe fantastique avec laquelle jour après jour, année après année, nous avons fait de Village Départ un rendez-vous incontournable.

Un privilège certainement, que nous sommes prêts à honorer pour les dix prochaines années.

10 ans de légendes et d'images

Line Renaud à Brest pour ses 80 ans.

Yvette et ses deux « gamins ».

Le réalisateur Fabien Ontoniente
devant le véhicule mythique d'Yvette Horner.

Dany Brillant en pleine répétition à Bergerac.

Laurent Gerra en compagnie de Christian Prudhomme
au moment du départ de l'étape.

Poldorak, alias Polo la Science.
Il vient d'une autre galaxie.

3 légendes : Danièle Gilbert, Sophie Darel et Raymond Poulidor

Pierre Bellemare à Bergerac, son premier Tour de France.

Montpellier. Bonjour Mr Bonte.

Vas y Francky, c'est bon ta cuisine.

Plastic Bertrand, chevalier de l'ordre de la Couronne de Belgique, avec Francis Perrin et Jean-Luc Lahaye lors du Village Départ au château de Versailles

Délire en cuisine avec Emmanuel Petit, Chantal Ladesou, Gregory Bakian et Lisa Angell.

Ce matin, un lapin....

François Valery, Vincent Niclo et Florent Mothe à Epernay.

Plateau prestigieux à Porto-Vecchio avec Christophe Maé, le grand compositeur Jacques Revaux et Philippe Gildas.

À Montpellier bain de foule pour Lio.

Stars 80 : un medley et quelques sueurs froides à Saint-Gaudens.

Olivier Kaefer et Stars 80, magnifiques en mannequins Cochonou.

Jean-Pierre Mader, Début de Soirée et Jean-Louis Pujade de groupe Image.

Un public de folie au pied du château de Versailles.

L'arrivée sur le plateau a des allures de montée de l'Alpe d'Huez.

REMERCIEMENTS

En guise de conclusion, j'aimerais de tout cœur remercier toutes celles et ceux qui ont participé à Village Départ depuis dix ans. 150 personnes qui ont contribué au fil de ces années à la réussite de l'émission. Durant les trois semaines et demie du Tour de France, nos équipes tournent pratiquement 24h/24 pour offrir au public un magnifique apéritif à l'étape du jour du Tour de France. De l'installation du plateau à six heures du matin au démontage, des transferts d'une ville à l'autre aux derniers repérages de nuit : tout cela nécessite une énergie sans borne et une coordination parfaite. Merci pour toute cette implication qui contribue à la réussite de Village Départ.

Merci au Village Production emmené par son chef Ludovic Rapin et ses fidèles adjoints Sonia Ameur, Cédric Eyssautier, Olivier Jean et son régisseur Michael Gaillard.

Merci au Village Réalisation piloté de main de maître par Fred Godard et tous les techniciens de la HF2 de France 2, sa scripte Pascale Bocquel, ses assistants Fred Taborin (indispensable à votre serviteur durant l'émission), Sophie Lettinger et Éric Derquenne.

Merci au Village Programmation coordonné par Thierry Colby, Alice Sirera et Kevin Knepper (jusqu'en 2012) qui calent plus d'une centaine d'invités en trois semaines. Une sacrée performance.

Merci au Village Club avec notre maquilleuse aux cheveux rouges Véronique Cailleux (le meilleur anti-cernes de France), notre cameraman Didier Neyrac et son preneur de son José Manzanarès, les chauffeurs (dont Mickaël Hinault, le fils de Bernard qui a en charge nos invités), notre chauffeur de salle Rémy Guilloton.

Merci au Village Cuisine avec Carinne Teyssandier, sa bonne humeur permanente et son sourire, son précieux mari Jérémy Augereau qui gère toute la logistique en cuisine (avec leur petite Charlie-Rose, plus jeune accréditée de France, dont l'arrivée dans ce monde a été annoncée par ses parents pendant Village Départ).

L'équipe de Village Départ sur les marches du Zénith de Saint-Étienne.

Notre programmatrice Alice Sirera avec Chico and The Gypsies.

Merci à Cyril Féraud qui nous fait le plaisir de nous rejoindre cette année. Merci pour sa confiance et son amitié sincère. Bienvenue au Village.

Et merci à ceux qui m'ont accompagné dans l'émission :
Vincent Ferniot qui durant cinq ans lui aussi nous a fait découvrir les plus beaux restaurants et produits de France.
Les anciens qui ont participé aux premiers Village Départ, qu'ils soient journalistes, chefs d'édition ou anciens champions : Jean-Claude Plesnage, Laurent Jaoui, Claude Eymard, Guillaume Papin (Super Yellow), Pierre-Henry Brandet (devenu porte-parole du Ministère de l'Intérieur), Jean-René Godart, Richard Coffin, Laurent Bellet, Thierry Adam (commentateur du Tour depuis presque 10 ans lui aussi), Rodolphe Gaudin, Xavier Bachimont, Bernard Thévenet et Laurent Jalabert.

Et merci évidemment aux artistes (près de 350 sont venus) chanteurs, groupes, acteurs, sportifs, écrivains, hommes politiques. Les managers, les attachés de presse, les responsables des maisons de disque. Les artisans, les chefs étoilés, les candidats, les figures locales. Tous ont fait de Village Départ un rendez-vous incontournable de l'été.

Un merci tout particulier à mon ami Fabien Lecoeuvre qui a officié cinq ans à mes côtés et qui grâce à son talent, avec toutes ses anecdotes, ses fous rires mémorables et notre passion commune de la chanson française, a contribué à faire de notre émission ce qu'elle est aujourd'hui.

Un Village se doit d'avoir un maire, alors merci à notre supporter numéro un Daniel Bilalian, directeur des sports de France Télévisions et initiateur de cette aventure en 2005. Sans oublier ses adjoints François Brabant, Fabrice Colin et Sven Lescuyer l'administrateur du service des sports, toujours bienveillant.

En guise de clap de fin, je citerai Léonard Nimoy, l'inoubliable Monsieur Spock dans « Star trek » qui nous a quittés cette année : « *Plus on partage, plus on possède. Voilà le miracle.* » Le miracle de Village Départ.

Jérémy Augereau, la moitié de Carinne Teyssandier.

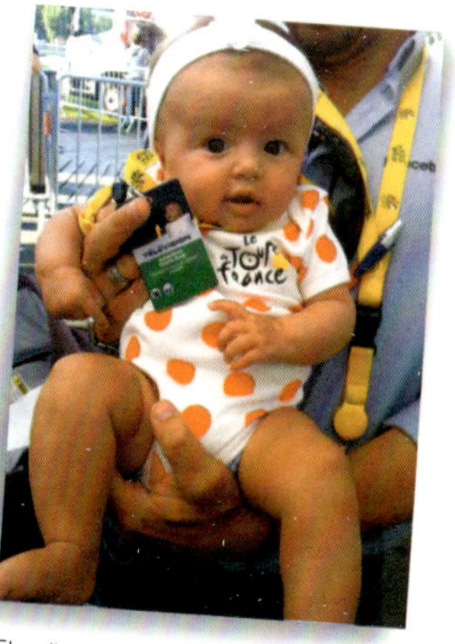

Charlie-Rose Teyssandier-Augereau, leur petit amour, plus jeune accréditée sur le Tour.

Véro notre maquilleuse, nouvelle égérie de Cochonou.

Avec Kevin Knepper notre programmateur. Que des bons souvenirs.

CRÉDITS PHOTOGRAPHIQUES

PHILIPPE BONNET : 62, 241.
THIERRY COLBY : 57, 58, 60, 61, 62, 63, 64, 117, 120, 122, 123, 127, 130, 131, 185, 188, 190, 191, 197, 198, 200, 202, 242, 243, 244, 246, 247, 248, 306, 307, 308, 309, 310, 311, 313.
FABIEN FAURE : 14, 57, 58, 120, 129, 188, 190, 199, 244, 251, 306, 309.
CYRIL FÉRAUD : 69.
GILLES GUSTINE : 59, 122, 124, 135, 190, 196, 198, 241, 305.
FRÉDÉRIC LANCELOT : 121, 125, 242, 245, 246, 308, 314.
LUDOVIC RAPIN : 118, 319.
L. REVAUX : 311.
NICOLAS ROUVIÈRE : 187, 317.
ALICE SIRERA : 62, 125, 126, 199, 243, 312, 314, 317.
DR : 57, 64, 118, 119, 120, 121, 123, 125, 128, 129, 132, 186, 187, 189, 192, 193, 194, 195, 197, 244, 306, 307, 317, 319.

RÉFÉRENCES DES CITATIONS MUSICALES

C'est la fête. Compositeur : Michel Fugain. Auteur : Maurice Vidalin. Page 6
I Know. Compositeur : Irma Pany, Antony Marciano. Auteur : Irma Pany, Antony Marciano. Page 22
Allez les Verts. Compositeur : Jean Louis d'Onorio. Auteur : Monty. Page 76
Je t'envie petit moineau. Compositeur : Martine Lorenzi. Auteur : Dany Revel. Page 108
Gentil Dauphin Triste. Compositeur : Gérard Lenorman. Auteur : Gérard Lenorman, Pierre Delanoé. Page 158
Marly-Gomont. Compositeur : Kamini Zantoko. Auteur : Kamini Zantoko. Page 165
Vivre d'amour. Compositeur : Grégoire Boissenot. Auteur : St Thérese de Lisieux. Page 182
Les Sardines. Compositeur : Patrick Sébastien. Auteur : Patrick Sébastien. Page 216
La Complainte du goeland. Compositeur : Ignelzi Augusto. Auteur : Jeanne Severac. Page 220
Le Tour qui passe. Compositeur : Roger Dupas et Jean Gardoni. Auteur : Lucien Cazalis. Page 287
La Fleur au guidon. Compositeur : Fredo Gardoni. Auteur : Fredo Gardoni. Page 288
Tu tournes pas rond. Compositeur : Emile Prud'homme et Georges Gascon. Auteur : Syam et Jean Rafa. Page 289
La Vérité. Compositeur : Guy Beart. Auteur : Guy Beart. Page 290
Bicycle. Compositeur : Queen. Auteur : Freddy Mercury. Page 292
L'Arrivée du Tour. Compositeur : Alain Baschung. Auteur : Boris Bergman. Page 293

Conception graphique : Frédéric Balourdet

Achevé d'imprimer en avril 2015
sur les presses de OGM SpA, Italie